영적 부흥의
파도를 타라

영적 부흥의
파도를 타라

이영훈 지음

Revival

서울말씀사

_____ 님께

절대 긍정의 믿음과
성령충만으로 무장하여
다가오는 영적 부흥의
주역이 되기를
소망합니다.

머리말
"수년 내에 부흥하게 하옵소서"

한국에 기독교가 전해진 지 140여 년이 지난 지금, 하나님의 은혜로 우리는 이전 세대와는 비견할 수 없을 정도로 풍요로운 나날들을 보내고 있습니다. 그러나 영적으로는 그 어느 때보다 갈급한 상황에 놓여 있습니다. 꿈을 잃고 쾌락을 좇아 술, 게임, 마약 중독에 빠지는 청년이 늘어나고 있으며, 우울증 환자는 100만 명을 넘었고, 자살률은 OECD에서 가장 높게 나타났습니다. 심지어 이러한 문제들을 해결해야 할 지도자들은 이념과 이권으로 나뉘어 다투기 바쁩니다.

이 같은 절망의 시대에 우리에게 가장 필요한 것은 바로 영적 부흥입니다. 하박국 선지자는 이스라엘의 영적 타락과 불의 속에서 "수년 내에 부흥하게 하옵소서"(합 3:2)라고 하나님께 부르짖었습니다. 우리도 부흥을 사모하며 부르짖어야 합니다. 한국교회의 모든 성도가 회개하며 간절히 기도할 때 하나님이 이전에 경험하지 못한 놀라운 부흥을 허락해 주실 것입니다.

사실상 영적 부흥은 이미 시작되고 있습니다. 2023년 2월 미국 애즈베리 대학에서 일어난 부흥운동을 비롯해 동남아시아, 남미, 아프리카 곳곳에서 성령의 역사가 뜨겁게 일어나고 있습니다. 우리는 이때를 놓치지 말고, 우리에게 다가오는 영적 부흥의 파도에 올라타야 합니다.

이를 위해 여의도순복음교회는 2024년 새해 첫날부터 12일간 'Revival 2024 신년 축복 열두 광주리 특별 새벽기도회'를 하나님께 올려드렸습니다. 그리고 '믿음의 역사와 성령충만'이라는 주제로 함께 나누었던 말씀을 정리하여 이번에 책으로 펴내게 되었습니다. 이 책을 읽는 여러분 모두가 절대 긍정의 믿음과 성령충만으로 무장하여 다가오는 영적 부흥의 주역이 되기를 간절히 소망합니다.

여의도순복음교회
담임목사 **이영훈**

차례

머리말 _ 06

Chapter 1 　믿음은 거룩한 꿈을 꾸는 것이다 _ 10

Chapter 2 　믿음은 하나님의 선물이다 _ 32

Chapter 3 　믿음은 하나님을 기쁘시게 하는 것이다 _ 52

Chapter 4 　믿음은 예수님을 바라보는 것이다 _ 72

Chapter 5 　믿음은 순종이다 _ 92

Chapter 6 　믿음은 절대 긍정이다 _ 114

Chapter 7 성령님은 누구신가? _ 134

Chapter 8 중생, 성령침례, 성령충만 _ 152

Chapter 9 성령님과 성화 _ 174

Chapter 10 성령님이 하시는 일 _ 196

Chapter 11 성령님과 말씀 _ 216

Chapter 12 성령님과 선교 _ 238

Chapter 1

믿음은 거룩한 꿈을 꾸는 것이다

"믿음은 바라는 것들의 실상이요
보이지 않는 것들의 증거니
선진들이 이로써 증거를 얻었느니라"

히브리서 11장 1-2절

믿음은
거룩한 꿈을 꾸는 것이다

1

사람마다 소중히 여기는 것이 있습니다. 운동하는 사람은 우승 트로피나 메달을, 음악하는 사람은 자기 악기를, 또 어떤 사람은 사진이나 편지 등 아주 사소한 것들을 소중히 여기기도 합니다. 여러분은 무엇을 소중하게 생각하나요?

크리스천이 이 세상을 살아가는 동안 가장 중요하게 여겨야 하는 것, 인생의 마지막까지 꼭 붙들어야 하는 것은 바로 믿음입니다. 믿음이 있어야 광야와 같은 거친 세상을 살아갈 수 있고, 믿음이 있어야 문제 앞에서도 좌절하지 않을 수 있습니다. 그렇기에 크리스천의 삶은 믿음의 삶입니다. 예수님을 믿음으로써 시작되고, 예수님 안에서 믿음으로 성장하며, 마침내 믿음으로 완성됩니다.

1. 믿음은 꿈꾸는 것이다

믿음이란 무엇일까요? 뜨겁게 기도하거나 말씀을 많이 읽고 전도를 열심히 하는 등 믿음이 좋은 사람에 대한 이미지는 가지고 있지만, 막상 믿음이 무엇인지 물으면 대답하기가 쉽지 않습니다.

사전을 찾아보면 믿음은 '어떠한 사실이나 사람을 믿는 마음'이라고 설명되어 있습니다. 그러나 크리스천의 믿음은 단순히 무엇인가를 '믿는 마음'과는 차원이 다릅니다. 성경은 믿음에 관해 다양하게 말씀하고 있는데, 그중 '믿음 장'이라 불리는 히브리서 11장은 믿음에 대해 다음과 같이 정의합니다.

"믿음은 바라는 것들의 실상이요 보이지 않는 것들의 증거니"(히 11:1)

믿음은 꿈을 꾸는 것입니다. 그렇다고 아무 꿈이나 꾸는 것을 믿음으로 보지는 않습니다. 믿음은 주님 안에서 거룩한 꿈을 꾸는 것입니다. 하나님은 하나님의 자녀들에게 꿈을 주십니다. 각 사람에 맞게 다양한 꿈을 주시지만, 그 목적은 하나입니다. 죄의 고통으로 신음하며 절망하고 있는 세상을 구원하시려는 하나님의 계획을 이루고, 그 일을 통해 하나님의 영광을 드러내기 위해 꿈을 주십니다.

하나님은 실수와 실패가 없는 분이시고 계획한 일을 반드시 성취하시는 분이십니다. 그래서 하나님 안에서 꿈꾸고 믿음으로 살아가는 사람은 성공적인 인생을 살게 됩니다.

성경은 "묵시가 없으면 백성이 방자히 행하거니와"(잠 29:18)라고 말씀합니다. 여기에서 '묵시'는 하나님이 주시는 비전을, '방자히 행한다'는 멸망한다는 의미를 담고 있습니다. 즉, 꿈이 없는 백성은 망한다는 것입니다.

요즘 우리나라에 범죄, 자살, 마약 중독 등 많은 사회적 문제가 일어나는데, 그 근본적인 이유는 꿈꾸는 사람들이 점점 사라지고 있기 때문입니다. 특히 지도자의 위치에 있는 사람들이 나라의 안위와 미래를 생각하지 않고, 그저 현실적인 이권 다툼만 벌이고 있습니다. 먼저 나라의 지도자가 꿈을 꾸고, 그 꿈과 희망을 국민에게 나눠주어야 합니다. 그러할 때 온 국민이 하나가 되어 꿈을 향해 나아가고, 하나님의 놀라운 역사가 이 땅 위에 나타날 것입니다.

지금은 거룩한 꿈을 꾸는 사람이 절실하게 필요한 때입니다. 거룩한 꿈을 꾸는 사람은 헛된 꿈을 꾸는 사람과 달리 부끄러움을 당하지 않습니다. 어떠한 어려움 가운데에서도 하나님이 그 꿈을 이루어 주시기 때문입니다.

"소망이 우리를 부끄럽게 하지 아니함은 우리에게 주신 성령으로 말미암아 하나님의 사랑이 우리 마음에 부은 바 됨이니"(롬 5:5)

2. 믿음은 소망하고 꿈꾼 것이 지금 이루어진 것같이 확신하는 것이다

믿음은 거룩한 꿈을 꾸는 것에서 한 걸음 더 나아가 우리가 소망하고 꿈꾼 것을 이미 이루어진 것처럼 확신하는 것입니다.

"믿음은 바라는 것들의 실상이요 보이지 않는 것들의 증거니"(히 11:1)

바라는 것들의 보증서

먼저 믿음은 '바라는 것들의 실상'입니다. 여기서 '실상'은 헬라어로 '휘포스타시스'입니다. 이 단어는 집문서와 같은 것입니다. 집문서, 즉 등기부등본에는 토지, 주택 등과 같은 부동산이 어디에 있고 누구의 소유인지가 분명하게 기록되어 있습니다. 등기부등본 자체는 문서일 뿐 실재적인 재산은 아니지만, 재산의 실체와 그것에 대한 권리를 보증해 줍니다.

믿음이 '바라는 것들의 실상'이라는 의미도 이와 같습니다. 집문서가 주택의 실체와 소유자를 증명하는 것처럼, 믿음은 하나님이 우리에게 주신 꿈의 성취를 증명해 주는 것입니다. 다시 말해, 우리에게 믿음이 있다면 이는 곧 바라는 것들의 보증서를 갖고 있는 것입니다. 보증서와 같이 확실한 것, 그것이 바로 믿음입니다.

내적 확신과 사차원의 영성

또한 믿음은 '보이지 않는 것들의 증거'입니다. 여기서 '증거'는 내적 확신을 뜻하는데, 이를 실천적으로 적용한 것이 '사차원의 영성'입니다.

사차원의 영성은 무조건 잘되기만을 바라는 것이 아닙니다. 나의 욕심, 나의 욕망을 투영하는 것도 아닙니다. 하나님의 말씀을 통해 나의 부정적인 생각을 절대 긍정의 생각으로 변화시키고, 하나님이 주시는 거룩한 꿈을 꾸는 것이 사차원의 영성입니다. 하나님의 약속이 반드시 이루어진다고 믿으며 그 믿음을 날마다 입술로 고백하는 것입니다.

정리하면, 우리도 다음과 같은 방식으로 사차원의 영성을 삶에 적용할 수 있습니다.

1. 생각을 바꿔라 - 절대 긍정의 생각을 가져라
2. 거룩한 꿈을 꾸라
3. 꿈이 이루어질 것을 믿어라
4. 믿음의 말을 선포하라

성경은 사차원의 영성을 가지고 살았던 대표적 인물로 요셉을 소개합니다. 요셉은 17살 때 놀라운 꿈을 꿨습니다. 그 꿈에서 형제들의 곡식 단이 그의 곡식 단을 둘러서서 절하고, 해와 달과 열한 별이 그에게 절을 했습니다. 그가 얼마나 큰 인물이 될지 모르지만, 형제들뿐 아니라 부모까지도 그의 앞에서 절하는 꿈을 꿨던 것입니다(창 37:7, 9).

요셉은 자나 깨나, 앉으나 서나 그 꿈에 사로잡혀 살았습니다. 그리고 꿈이 이뤄질 것을 믿고 입술로 고백했습니다. 하지만 이 일로 인해 요셉은 형들에게 극심한 질투와 미움을 받게 됩니다. 형들이 요셉을 얼마나 미워했던지 그를 죽이려는 계획까지 세웠습니다. 다행히 요셉은 죽임을 당하지 않았지만, 애굽에 노예로 팔려 가게 되었습니다. 그때부터 요셉의 고난이 시작되었습니다. 그는 낯선 땅에서 비참한 노예로 일해야 했고, 억울한 누명을 쓰고 감옥에 가기도 했습니다. 더욱이 요셉이 갇힌 감옥은 일반적인 감옥이 아니라 왕의 신하들이 갇히는 감옥이었습니다. 다시 말해, 그는 왕의 명령이 있어야 나올 수 있는 특별 감옥에 갇힌 것입니다.

세상 사람들의 시선으로 보면 요셉의 인생은 참으로 불운하다고 말할지도 모릅니다. 그러나 하나님의 시선으로 보면 다릅니다. 요셉이 노예로 팔려 갔기에 당시 최대 강대국인 애굽으로 갈 수 있었고, 왕의 신하들이 갇힌 감옥에 들어갔기에 왕을 만날 수 있는 길이 열린 것입니다. 결국 요셉은 30살에 왕의 꿈을 해몽해 주는 계기로 애굽의 총리가 되었고, 그가 17

살 때 꾸었던 꿈대로 형들은 그의 앞에서 절을 하게 됩니다(창 42:6).

꿈으로 가는 고속도로

요셉은 무려 13년 동안 말로 표현할 수 없는 고난을 받았습니다. 요셉이 겪은 고난만 보면 그의 인생길은 굽이지고 거친 비포장도로처럼 보입니다. 그러나 지나고 나서 돌이켜 보니 그의 인생길은 하나님이 함께하시는 고속도로였습니다. 꿈으로 가는 고속도로가 요셉 앞에 뻥 뚫린 것입니다.

요셉은 계속되는 고난 중에도 꿈을 잃지 않았습니다. 하나님이 주신 거룩한 꿈을 붙잡고 끝까지 꿈이 이루어질 것을 믿으며 살았기에 하나님이 그와 함께하셔서 성공의 길, 축복의 길로 인도해 주신 것입니다. 그래서 요셉은 자신을 노예로 팔았던 형들 앞에서 다음과 같이 고백할 수 있었습니다.

> "당신들은 나를 해하려 하였으나 하나님은 그것을 선으로 바꾸사 오늘과 같이 많은 백성의 생명을 구원하게 하시려 하셨나니"(창 50:20)

꿈은 미래에 관한 것이지만, 동시에 현재의 일이기도 합니다. 미래에 이루어질 것을 믿고 살아가는 사람들에게 꿈은 이미 이루어진 현실이기 때문입니다. 그러므로 예수 그리스도를 믿은 후 우리의 삶은 달라져야 합니다. 현재 마주하는 문제로 인해 불평하고 원망하던 옛 사람의 모습을 버리고, 앞으로 이뤄질 꿈을 이야기해야 합니다. 하나님의 은혜 안에서는 좌절하고 절망할 필요가 없습니다. 하나님은 악을 선으로 바꾸시고, 안 되는 일도 잘되게 하시는 분이기에 우리가 해야 할 일은 하나님께 감사하고 찬송하는 것뿐입니다.

3. 믿음으로써 증거를 얻다

히브리서 11장은 아벨, 에녹, 노아, 아브라함, 이삭, 야곱, 요셉, 모세, 라합, 여러 사사와 선지자 등 우리가 본받아야 할 믿음의 조상들에 관해 말씀하고 있습니다.

"선진들이 이로써 증거를 얻었느니라"(히 11:2)

이 말씀에서 우리는 세 가지 의미를 찾을 수 있습니다. 첫째, 믿음의 조상들은 믿음으로써(by faith) 증거를 얻었고, 둘째, 스스로 믿음의 증인이 되었으며, 셋째, 모두 하나님께 인정받았다는 것입니다.

우리들이 신앙생활을 하면서 가장 부끄러운 일은 실패의 경험, 상처와 트라우마에 갇혀 부정적으로 생각하고 말하고 행동하며 과거에서 벗어나지 못하는 것입니다. 예배와 말씀을 통해 은혜를 받아 새출발하기로 결심하지만, 얼마 지나지 않아 또다시 옛 사람의 모습으로 돌아가는 것입니다. 이제 우리는 달라져야 합니다. 믿음의 사람으로서 거룩한 꿈을 품고 일어나야 합니다.

호랑이를 그리는 꿈

많은 사람이 꿈에 대해 이야기합니다. 그러나 정작 꿈을 품고 사는 사람은 적습니다. 왜 사람들은 꿈을 품지 않을까요? '과연 그런 꿈이 이루어질 수 있을까?'라고 의심하기 때문입니다. 그러나 우리에겐 하나님을 향한 믿음이 있습니다. 우리는 꿈을 주신 분도 하나님이시고, 그 꿈을 이루시는 분도 하나님이심을 믿기에 담대하게 꿈을 품을 수 있는 것입니다. 그러므로 우리는 의심을 거두고 믿음의 사람답게 하나님 안에서 꿈꾸며 나아가야 합니다.

꿈을 향해 나아갈 때, 최대한 큰 꿈을 꾸는 것이 중요합니다. 우리가 미술에 소질이 없더라도 호랑이를 그리려고 노력하다 보면, 결국에는 적어도 고양이 정도는 그릴 수 있게 될 것입니다. 우리도 가장 큰 꿈을 품고 노력하다 보면, 도저히 생각할 수 없었던 꿈이 현실로 이루어진 것을 반드시 보게 될 것입니다.

그랜트 카돈은 과거 ADHD 환자, 마약중독자였다가 8천억대의 자산가로 성공한 사람입니다. 그는 『10배의 법칙』에서 성공하기 위해서는 꿈을 꿔야 하는데, 가능한 큰 꿈을 꾸라고 조언합니다. 평범한 사람은 현실에 묶여 살지만, 성공한 사람은 자신이 어디까지 뻗어나갈 수 있는지를 생각합니다. 그래서 꿈을 크게 꾸고, 크게 생각하고, 크게 도약하라는 것입니다.

하나님이 주시는 거룩하고 위대한 꿈을 마음속에 가득 채우십시오. 우리가 하나님 안에서 품은 커다란 꿈이 우리 삶의 지경을 넓히고 우리의 발걸음을 위대한 성공으로 이끌 것입니다.

꿈을 구체적으로 적어보자

제가 미국에서 워싱톤순복음제일교회를 건축할 때 집을 세 채나 기증한 성도님이 있었습니다. 그가 자기 기도 수첩을 제게 보여준 적이 있었는데, 그 수첩에는 기도 제목이 80개나 적혀 있었습니다. 그는 매일 새벽 그 수첩을 펴놓고 기도 제목을 1번부터 차례로 짚어가며 기도한다고 합니다. 1년이 채 지나기도 전에 60개 이상의 기도 제목이 이루어진다고 합니다. 그러면 새해에 또다시 기도 제목을 60개 추가하여 계속해서 기도한다는 것입니다. 또한 수첩에 적힌 80개의 기도 제목을 놓고 기도하다 보면 어느새 1시간이 훌쩍 지나간다고 말하기도 했습니다.

그러던 어느 날, 그 성도님이 흥분해서 저를 찾아왔습니다. "목사님, 기적이 일어났습니다. 우리 회사가 이번에 국방부 프로젝트에 응모했는데 높은 경쟁률을 뚫고 선정되었습니다. 그래서 국방부와 5천만 달러의 계약을 수주했습니다. 할렐루야!" 날마다 꿈을 꾸며 기도했더니 하나님이 복을 넘치도록 부어주셔서 회사도 성장하고 큰 계약도 수주할 수 있게 된 것입니다.

하나님은 우리가 이 땅에서 영혼이 잘됨같이 범사에 잘되고 강건하게 되는 삼중축복을 누리며 살기를 바라십시오. 이같은 하나님의 바람이 우리의 거룩한 꿈이 되게 하십시오. 그리고 그 꿈을 마음에 품으십시오. 사업이 잘되는 꿈, 승진하는 꿈, 건강해지는 꿈, 좋은 배우자를 만나 결혼하는 꿈, 말썽 피우는 자녀가 바른길을 가는 꿈을 꾸십시오. 기왕이면 수첩이나 핸드폰에 그 꿈들을 하나하나 구체적으로 적으십시오.

구체적인 꿈을 적었다면, 이제 그 꿈이 이루어질 때까지 기도해야 합니다. 빨리 이루어지지 않는다고 포기하지 말고 계속 기도해야 합니다. 또한 기도 시간을 따로 정해두는 것이 중요한데, 하루가 시작되는 새벽에 일찍 일어나서 기도하는 습관을 기르는 것이 좋습니다. 몸이 좀 피곤하더라도 침대에 누워있지 말고 기도의 자리로 나오기를 바랍니다. 우리가 꿈을 이루기 위해 몸부림치며 나아가면 하나님이 기적을 베풀어 주실 것입니다.

믿음으로 선포하라

하나님의 말씀에는 창조의 능력이 있습니다. 전지전능하신 하나님은 말씀으로 이 세상을 창조하셨고, 말씀으로 수많은 기적을 행하셨습니다. 하나님의 형상을 따라 지어진 사람의 말에도 창조 능력이 담겨 있습니다. 그래서 긍정의 말, 믿음의 말을 계속해서 선포해야 합니다.

조엘 오스틴 목사님의 어머니 도디 오스틴은 1981년 간암 진단을 받았습니다. 의사는 그녀의 남편을 복도로 불러내더니 "이런 말씀을 드리고 싶지 않지만, 사모님은 앞으로 몇 주 밖에 살 수 없을 것 같습니다. 몇 달이 아니고 몇 주요."라고 말했습니다. 그리고 차라리 집에 가서 삶을 정리하는 게 좋겠다며 그녀를 퇴원시켰습니다.

그러나 당사자인 도디 오스틴은 삶을 포기하지 않았습니다. 그녀는 꿈꾸는 사람이었기 때문입니다. 오히려 그녀는 하나님이 건강을 주셔서 자신을 살려주실 것을 믿었습니다. 힘들고 아픈 몸에 대해 불평하는 말 대신 하나님의 말씀을 자신의 마음과 입에 두기로 결단했습니다. 그때부터 건강과 치유를 선포하는 그녀의 목소리가 집안에 울려 퍼졌습니다. "내가 죽지 않고 살아서 야훼께서 하시는 일을 선포하리로다"(시 118:17).

한번은 조엘 오스틴 목사님이 그녀에게 물었습니다. "어머니, 도대체 어떻게 죽지 않으시겠다는 거예요?" 그러자 그녀는 다음과 같이 대답했습니다. "애야, 나는 주님과 그분의 권능 안에서 누구보다도 강하단다."

도디 오스틴은 성경 가운데 가장 좋아하는 치유의 말씀을 30-40개 정도 찾아냈습니다. 그리고 그 말씀을 종이에 적어 매일 읽고 큰 소리로 선포했습니다. "하나님이 내게 장수를 주시고 그분의 구원을 보여주실 것입니다."라고 되뇌며 대문에서 현관까지 오르내렸습니다.

그녀가 이처럼 하나님의 말씀을 믿음으로 선포하자 놀라운 일이 일어나기 시작했습니다. 점차 식욕이 돌아오고 몸무게가 불어났습니다. 몇 주 후 병세가 호전되었습니다. 몇 달이 지난 후에는 회복세가 더욱 빨라졌습니다. 이후 그녀는 완전히 회복하여 40년이 지난 지금까지도 건강하게 살아 있습니다.

이것이 바로 믿음의 역사입니다. 도디 오스틴은 의사의 절망적인 진단을 마음에 담지 않았습니다. 자신의 아픈 몸도 바라보지 않았습니다. 그녀는 믿음으로 건강한 몸을 꿈꾸며 하나님의 말씀을 선포했습니다. 그러자 그녀의 꿈과 믿음의 선포대로 기적이 일어난 것입니다. 그녀는 지금도 매일 아침을 시작하고 저녁 잠자리에 들 때마다 축복의 말씀을 믿음으로 고백합니다.

꿈과 믿음은 분리될 수 없습니다. 꿈꾸고 믿으면 하나님이 역사하십니다. 살아계신 하나님이 복을 주십니다. 결국 모든 일은 우리의 믿음에 달려 있습니다. 그렇기에 우리는 거룩한 꿈을 꾸고 믿어야 합니다. 꿈과 믿음이 기적을 불러올 것입니다.

매일 거룩한 꿈을 꾸고 믿음으로 선포하십시오. "자녀들이 잘된다! 사업이 번창한다! 건강과 장수의 복을 누린다! 하나님의 은혜가 임한다!" 이렇게 입술로 믿음을 고백함으로써 꿈을 향해 한 걸음 더 가까이 나아가기를 바랍니다.

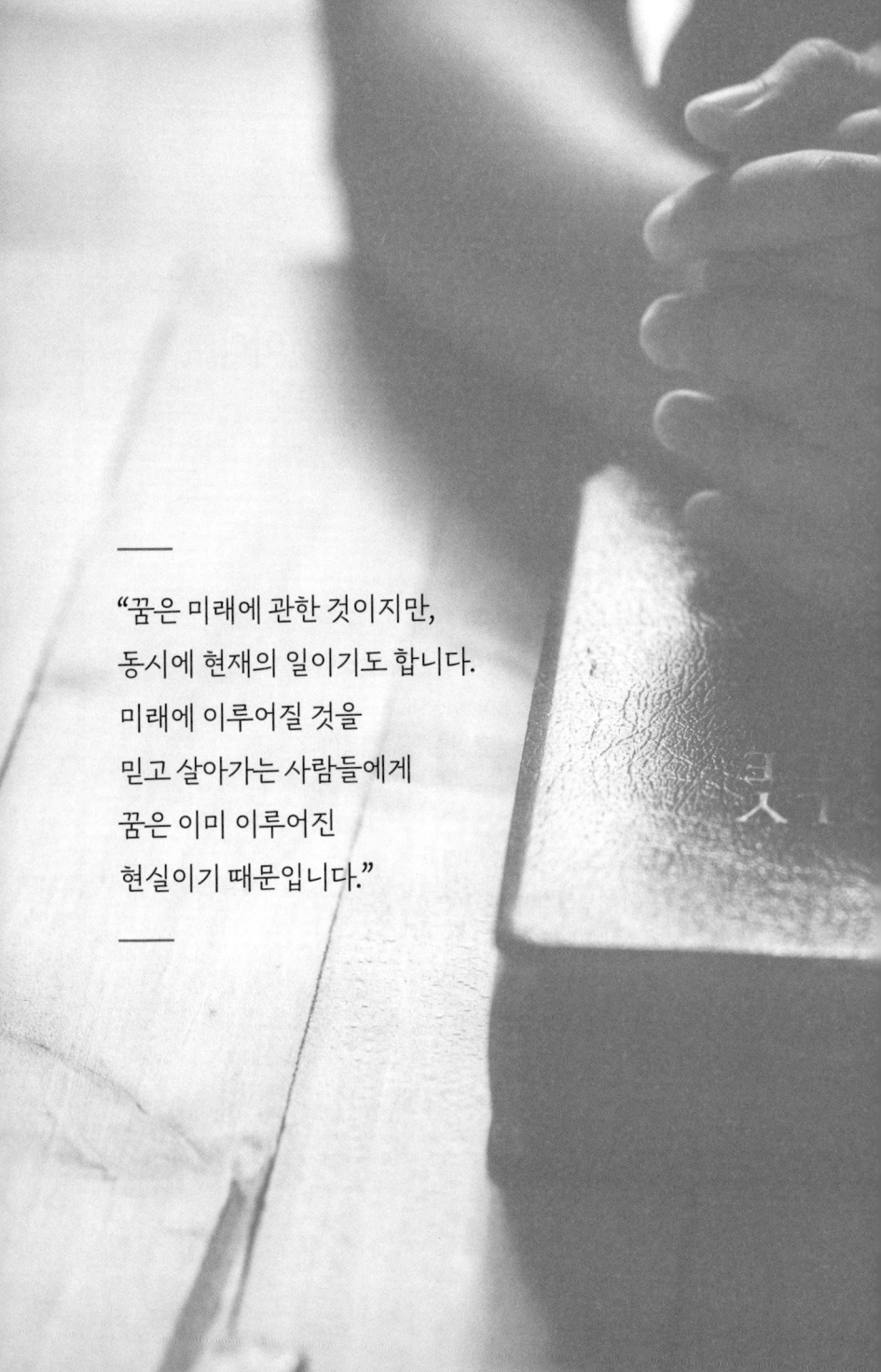

"꿈은 미래에 관한 것이지만,
동시에 현재의 일이기도 합니다.
미래에 이루어질 것을
믿고 살아가는 사람들에게
꿈은 이미 이루어진
현실이기 때문입니다."

• 핵심요약 •

믿음은
거룩한 꿈을 꾸는 것이다

1. 믿음은 꿈꾸는 것이다
- 주님 안에서 거룩한 꿈을 품어라
- 하나님이 꿈을 완성해 주신다

2. 믿음은 소망하고 꿈꾼 것이 지금 이루어진 것같이 확신하는 것이다
- 믿음은 바라는 것들의 실상이다
- 사차원의 영성은 믿음의 실천적 적용이다
- 고난은 꿈으로 가는 고속도로이다

3. 믿음으로써 증거를 얻다
- 꿈이 이루어지리라는 믿음을 가져라
- 가능한 큰 꿈을 꿔라
- 꿈을 구체적으로 적어보라
- 믿음으로 꿈을 선포하라

• 적용을 위한 질문 •

1. 하나님이 주신 거룩한 꿈을 갖고 있나요? 그 꿈이 무엇인지 구체적으로 적어보세요.

　

2. 하나님이 주신 꿈을 이루기 위해 지금 노력하는 일이 있나요? 또는 앞으로 해야 할 일이 있다면 무엇인가요?

Chapter

2

믿음은
하나님의 선물이다

"너희는 그 은혜에 의하여 믿음으로 말미암아
구원을 받았으니 이것은 너희에게서
난 것이 아니요 하나님의 선물이라
행위에서 난 것이 아니니
이는 누구든지 자랑하지 못하게 함이라"

에베소서 2장 8-9절

믿음은
하나님의 선물이다

2

　모든 일에는 시작이 있습니다. 신앙도 그렇습니다. 신앙의 출발점은 믿음입니다. 우리는 믿음을 통해 구원을 받고, 믿음을 통해 하나님의 은혜를 경험하며 살아갑니다. 그런데 이 믿음은 사람의 힘과 지혜로 얻을 수 있는 것이 아닙니다. 믿음은 하나님이 우리에게 주시는 은혜의 선물입니다.

1. 믿음은 하나님의 은혜의 선물이며 이 믿음을 통하여 구원을 받게 된다

　우리는 하나님이 주시는 믿음으로 구원을 받습니다. 이 믿음은 마음으로 믿는 것이며 입술의 고백을 동반합니다.

마음의 믿음과 입술의 고백

예수 그리스도가 나의 구세주라는 사실이 마음으로 믿어지고 믿는 바를 입술로 고백할 때 구원을 받게 됩니다. 마음의 믿음과 입술의 고백은 동전의 앞뒷면과 같습니다. 믿음의 뿌리는 마음에서 자라고 믿음의 열매는 입술에서 맺힙니다.

"네가 만일 네 입으로 예수를 주로 시인하며 또 하나님께서 그를 죽은 자 가운데서 살리신 것을 네 마음에 믿으면 구원을 받으리라 사람이 마음으로 믿어 의에 이르고 입으로 시인하여 구원에 이르느니라"(롬 10:9-10)

초대교회 성도들은 로마의 극심한 박해를 받으면서도 예수님을 구세주라고 고백하여 자기들의 믿음을 온 세상에 선포했습니다. 초대교회 성도들처럼 우리도 믿는 바를 담대하게 고백해야 합니다. 스스로 믿음의 사람이라고 여기면서 믿는 바를 입술로 고백하지 않으면 누구에게도 영향을 줄 수 없습니다.

마음으로 믿고 입술로 고백할 때 구원을 얻을 수 있듯이 믿음의 성취도 그러합니다. 하나님을 마음으로 믿고 절대 긍정의 언어로 선포할 때 믿음의 역사가 나타납니다. "주님은 나를 사랑하십니다." "주님이 함께하셔서 놀라운 하나님의 은혜와 축복이 내 삶에 임합니다." "오늘은 하나님이 나에게 복을 주시고 형통하게 하시는 좋은 날입니다." 이와 같이 믿음으로 긍정적인 말을 하시기 바랍니다. 긍정적인 말이 우리의 삶에 하나님의 역사하심을 일으킵니다.

은혜로 얻는 구원

구원은 우리의 결단이나 의지로 얻을 수 없습니다. 하나님이 우리에게 주신 은혜의 선물입니다.

> "너희는 그 은혜에 의하여 믿음으로 말미암아 구원을 받았으니 이것은 너희에게서 난 것이 아니요 하나님의 선물이라 행위에서 난 것이 아니니 이는 누구든지 자랑하지 못하게 함이라"(엡 2:8-9)

사람은 태어날 때부터 본질상 진노의 자녀이기 때문에 스스로 믿음을 가질 수 없습니다(엡 2:3). 하나님이 우리에게 찾아오셔서 우리 안에 믿음을 심어주시고, 자라게 하시고, 열매 맺게 해주셔야 합니다. 우리는 하나님 앞에서 구원받을 자격도 없고 능력도 없는데 긍휼이 풍성하신 하나님이 우리에게 믿음을 선물로 주시고 구원해 주셨습니다. 그러므로 우리는 구원받은 은혜를 한평생 감사해야 합니다.

의인은 믿음으로 살리라

예수님을 믿고 구원받은 사람은 죄인에서 의인으로 신분이 변화됩니다. 이제 의인의 신분으로 변화된 사람은 믿음으로 의롭게 살아야 합니다.

믿음으로 살았던 대표적인 인물은 독일의 위대한 신학자이며 종교개혁가인 마틴 루터입니다. 그는 1517년 10월 31일 비텐베르크 성당 정문에 95개조의 반박문을 붙이고 종교개혁을 시작했습니다.

그가 종교개혁을 시작하게 된 계기가 있습니다. 종교개혁이 일어나기 7년 전인 1510년 10월에서 다음 해 4월까지 그는 기독교의 성지였던 로마를 자세히 둘러보다가 라테라노 성당에 가게 되었습니다.

이 성당에는 '거룩한 계단'이라고 불리던 계단이 있었습니다. 이 계단은 '빌라도의 계단'이라고도 불렸는데, 그 이유는 예수님이 예루살렘에서 빌라도에게 심문을 받으실 때 빌라도가 이 계단에 서 있었다는 전설 때문입니다. 당시 로마 사람들은 예루살렘에 있던 계단을 라테라노 성당으로 옮겨왔다고 생각한 것 같습니다.

이 계단과 관련하여 '무릎을 꿇고 기어서 올라가면 죄 사함을 받는다.'라는 전설이 있었는데, 그곳을 방문한 루터도 무릎을 꿇고 계단을 올라갔습니다. 하지만 그는 무릎이 까지고 다리가 저리는 고통 가운데 모든 것이 부질없는 짓이라는 생각이 들어 그만 계단을 내려왔다고 합니다. 사실 루터는 로마에 머무는 동안 교황을 위시한 성직자들의 부패와 도덕적 타락에 크게 실망하고 있었습니다. 이러한 로마에서의 실망스러운 경험은 훗날 그가 믿음과 하나님의 의에 관해 커다란 깨달음을 얻는 데 중요한 밑거름이 되었습니다.

수년 후 루터는 비텐베르크, 성 어거스틴 수도원 내 둥근 탑에 있던 자신의 서재에서 '하나님의 의'에 대한 놀라운 깨달음을 얻었습니다. 그것은 로마서 1장 17절에 담긴 진리에 대한 것이었습니다.

"복음에는 하나님의 의가 나타나서 믿음으로 믿음에 이르게 하

나니 기록된 바 오직 의인은 믿음으로 말미암아 살리라 함과 같으니라"(롬 1:17)

"오직 의인은 믿음으로 말미암아 살리라". 이 말씀을 가지고 며칠을 골똘히 묵상하던 루터는 '사람의 행위를 통해서 죄 사함을 받고 구원을 얻을 수 없다.'라는 확신을 갖게 되었습니다. 수년 전 로마에서 무릎이 까지도록 '거룩한 계단'을 오르면서도 어떠한 구원의 확신을 갖지 못했던 것처럼, 하나님께 의롭다 하심을 얻을 수 있는 길은 인간 스스로의 고행이나 업적에 있는 것이 아니라 예수 그리스도 안에 계시는 하나님의 은혜와 그 은혜를 믿는 믿음에 있다는 것을 절실하게 깨달았던 것입니다.

그는 당시에 느꼈던 기분을 이렇게 고백했습니다.

"그때 나는 새로 탄생하였고 열린 문을 통하여 홀연히 천국으로 들어가는 것을 느꼈다."

이러한 깨달음은 루터의 종교개혁에 원동력이 되었습니다. 이로 인해 기득권을 누리고 있던 사람들의 미움을 받아 생명의 위협을 받는 등 말로 할 수 없는 위기를 겪었지만 끝까지 굴복하지 않고 종교개혁의 사명을 완수했습니다.

루터의 종교개혁에 크게 영향을 받은 스위스, 스코틀랜드 그리고 잉글랜드에 종교개혁이 번져나갔고, 결국 이러한 종교개혁운동은 장로교의 개혁운동, 감리교의 성결운동, 오순절 교단의 성령운동에 밑거름이 되었습니다. 다시 말해 루터의 믿음과 행동으로 인해 지금의 개신교가 존재할 수 있게 된 것입니다.

루터와 같이 우리도 담대한 믿음의 사람이 되어야 합니다. 어떤 역경과 고난에도 굴복하지 않고 믿음으로 살아가면 하나님이 우리를 기뻐하시고 우리를 통해 하나님의 뜻을 이루실 것입니다.

"나의 의인은 믿음으로 말미암아 살리라 또한 뒤로 물러가면 내 마음이 그를 기뻐하지 아니하리라 하셨느니라"(히 10:38)

2. 믿음으로 하나님의 자녀가 되는 권세를 얻게 된다

우리는 예수님을 믿는 순간 하나님의 생명을 받아 하나님의 자녀가 됩니다. 또한 성령님이 우리 안에 들어오셔서 하나님을 "아빠 아버지"라고 부를 수 있게 됩니다.

"너희는 다시 무서워하는 종의 영을 받지 아니하고 양자의 영을 받았으므로 우리가 아빠 아버지라고 부르짖느니라"(롬 8:15)

"너희가 아들이므로 하나님이 그 아들의 영을 우리 마음 가운데 보내사 아빠 아버지라 부르게 하셨느니라"(갈 4:6)

삶의 주인 되시는 예수님

구원은 궁극적으로 예수님을 삶의 주인으로 모셔 들이는 과정입니다. 예수님을 믿기 전에 삶의 주인은 나 자신이었습니다. 내가 우주의 중심이었기 때문에 모든 일을 나의 뜻과 욕심대로, 내가 하고 싶은 대로 행동하며 살았습니다. 이런 사람들은 금방 사라져버릴 의미 없는 것에 마음을 두며 자기중심적으로 살아가면서 주위 사람들에게 상처를 주곤 합니다. 성경은 이런 상태에 있는 사람을 '옛 사람'이라고 표현합니다(엡 4:22).

하지만 예수님을 믿고 마음속에 주님으로 모셔 들인 사람은 예수님과 같이 사랑과 용서, 온유와 겸손, 이해와 배려의 모습으로 살아갑니다. 이것이 하나님을 아버지라고 부르는 하나님의 자녀에 걸맞은 삶입니다.

"진리가 예수 안에 있는 것 같이 너희가 참으로 그에게서 듣고 또한 그 안에서 가르침을 받았을진대 너희는 유혹의 욕심을 따라 썩어져 가는 구습을 따르는 옛 사람을 벗어 버리고 오직 너희의 심령이 새롭게 되어 하나님을 따라 의와 진리의 거룩함으로 지으심을 받은 새 사람을 입으라"(엡 4:21-24)

우리는 누구나 처음부터 완전히 새롭게 변화된 삶을 살지는 못합니다. 교만하고 이기적인 옛 사람의 모습이 자신도 모르게 나와 낙심될 때도 있습니다. 하지만 믿음으로 살아가는 사람은 옛 사람의 행동을 뉘우치고 회개하면서 점점 성숙한 새 사람의 모습으로 변화되어 갑니다. 이 과정을 가리켜 '성화'라고 합니다. 하나님의 자녀는 평생 성화의 과정을 거치면서 구원을 완성해 나가는 것입니다.

하나님 자녀의 권세

"영접하는 자 곧 그 이름을 믿는 자들에게는 하나님의 자녀가 되는 권세를 주셨으니"(요 1:12)

예수님을 믿고 주님으로 고백할 때 우리는 하나님의 자녀가 됩니다. 우리는 보통 사람이 아니라 하나님 자녀의 권세를 가진 귀중한 사람이 된 것입니다.

다만 우리에게 주어진 하나님 자녀의 권세는 믿음 안에서 누릴 수 있습니다. 몸이 아플 때 질병을 향하여 "예수 그리스도의 이름으로 명하노니 질병을 가져다주는 원수 마귀야, 물러가라! 나는 예수님 안에서 건강하다!"라고 담대하게 선포해야 합니다. 마음이 슬프고 우울하고 부정적인 생각이 들 때 "나사렛 예수의 이름으로 명하노니 슬픔을 가져오는 흑암의 세력은 물러가라!"라고 명령해야 합니다. 이것이 우리가 가지고 있는 하나님 자녀의 권세입니다. 믿음으로 하나님의 자녀 된 권세를 누리며 살아가는 우리가 되어야 하겠습니다.

3. 믿음을 선물로 주신 하나님의 절대 주권적 역사에 대해 감사해야 한다

우리가 하나님의 자녀로서 권세를 누리며 살게 된 것은 하나님의 절대 주권적 역사에 의한 것입니다.

하나님의 절대 주권

하나님은 절대 주권으로 창세 전에 우리를 선택하고 구원하기로 예정하셨습니다.

> "곧 창세 전에 그리스도 안에서 우리를 택하사 우리로 사랑 안에서 그 앞에 거룩하고 흠이 없게 하시려고 그 기쁘신 뜻대로 우리를 예정하사 예수 그리스도로 말미암아 자기의 아들들이 되게 하셨으니"(엡 1:4-5)

이것을 신학적인 용어로 '불가항력적 은총'이라고 합니다. 인간은 전적으로 타락했기 때문에 스스로 구원할 힘이 전혀 없습니다. 그러나 하나님이 창세 전부터 우리를 하나님의 자녀로 택하시고 예수 그리스도 안에서 구원을 얻게 하셨습니다. 이 은총을 거부하거나 저항할 수 있는 사람은 아무도 없습니다. 따라서 우리는 전적인 하나님의 예정하심 가운데 은혜로 구원을 받게 된 것입니다.

불가항력적 은총 안에서 구원받은 사람은 하나님이 주신 자유의지를 가지고, 구원받은 순간부터 하나님 앞에 서게 될 때까지 절대 긍정의 생각과 절대 감사의 고백을 통해 하나님께 영광을 돌려야 합니다.

찬양과 감사

은혜로 구원받은 우리는 하나님께 구원에 대한 찬양과 감사를 드려야 합니다.

> "모든 일을 그의 뜻의 결정대로 일하시는 이의 계획을 따라 우리가 예정을 입어 그 안에서 기업이 되었으니 이는 우리가 그리스도 안에서 전부터 바라던 그의 영광의 찬송이 되게 하려 하심이라"(엡 1:11-12)

430년간 종살이를 하던 이스라엘 백성들은 하나님의 은혜로 애굽에서 나올 수 있었습니다. 또한 홍해의 기적은 하나님이 그들과 함께하신다는 사실을 온 천하에 알렸습니다. 마침

내 그들은 광야를 지나 하나님이 약속하신 젖과 꿀이 흐르는 축복의 땅, 가나안으로 들어갔습니다.

그러나 출애굽한 1세대 이스라엘 백성들은 광야에서 끊임없이 하나님께 원망과 불평을 하여 약속의 땅에 들어가지 못했습니다. 마실 물이 없어서, 먹을 음식이 없어서, 고기가 없어서 등 다양한 이유로 원망과 불평을 반복했던 것입니다. 급기야 그들은 가나안 입구인 가데스바네아에서 가나안을 40일간 정탐하고 온 10명의 정탐꾼의 부정적인 보고를 듣고 밤새 통곡하며 하나님과 모세를 원망했고, 결국 가나안 땅에 들어가지 못한 채 40년간 광야에서 방황하다가 죽었습니다. 출애굽이라는 구원의 은혜를 체험하고, 젖과 꿀이 흐르는 가나안 땅의 축복을 약속받았음에도 하나님께 감사와 찬양을 드리지 않고 눈앞에 보이는 상황에 따라 원망과 불평을 했기 때문입니다.

우리는 그들을 반면교사 삼아 어떤 상황에서도 하나님이 도와주실 것을 믿고 항상 긍정적인 말을 해야 합니다. 믿음의 사람이라고 해서 힘든 일이 없는 것이 아닙니다. 하지만 그들은 고난 중에도 하나님을 찬양하며 믿음으로 감사했습니다.

바울과 실라는 빌립보에서 억울하게 모진 매를 맞고 감옥에 갇혔습니다. 하지만 깊은 절망의 감옥에서도 그들은 하나님께 기도하고 찬양과 감사를 드렸습니다.

"한밤중에 바울과 실라가 기도하고 하나님을 찬송하매 죄수들이 듣더라"(행 16:25)

바울과 실라가 하나님을 찬양하자 땅이 흔들리고 옥문이 다 열리며 그들의 손과 발을 채우고 있던 차꼬가 풀리는 기적이 일어났습니다. 이 일로 인해 간수와 그의 가족들까지 구원을 받았습니다.

욥도 그렇습니다. 그는 극심한 고난 중에도 입술로 범죄하지 않았습니다. 형통할 때도 감사하고, 감당할 수 없는 고난이 다가왔을 때도 여전히 하나님께 감사했습니다.

"내가 모태에서 알몸으로 나왔사온즉 또한 알몸이 그리로 돌아가올지라 주신 이도 야훼시요 거두신 이도 야훼시오니 야훼의 이름이 찬송을 받으실지니이다"(욥 1:21)

그렇게 하나님을 바라보고 믿음으로 인내하며 하나님께 찬양과 감사를 드렸던 욥은 결국 갑절의 축복을 받고 4대까지 보는 장수의 복을 누렸습니다.

감사는 하나님을 영화롭게 할 뿐 아니라 스스로에게도 많은 유익을 줍니다. 감사는 원망과 불평을 가져다주는 마귀를 이기는 최고의 무기이자 구원받은 하나님의 자녀로서 행해야 할 마땅한 본분입니다. 이스라엘 백성들처럼 구원의 은혜를 잊어버리고 눈앞의 어려운 현실 때문에 원망하거나 불평하지 마시기 바랍니다. 진정한 감사는 환경을 초월하여 드리는 감사입니다. 고난 중에 찬양하고 감사하면 하나님이 우리에게 기적과 축복을 베풀어 주실 것입니다. 어떤 상황에서도 하나님을 찬양하고 감사하는 우리가 되길 소망합니다.

• 핵심요약 •

믿음은
하나님의 선물이다

1. 믿음은 하나님의 은혜의 선물이며 이 믿음을 통하여 구원을 받게 된다
- 입술로 고백하고 마음으로 믿으라
- 구원은 은혜의 선물이다
- 의인은 믿음으로 산다

2. 믿음으로 하나님의 자녀가 되는 권세를 얻게 된다
- 예수님은 삶의 주인이 되신다
- 하나님 자녀의 권세를 사용하라

3. 믿음을 선물로 주신 하나님의 절대 주권적 역사에 대해 감사해야 한다
- 하나님이 절대 주권으로 우리를 선택하셨다
- 구원받은 은혜를 찬양하고 감사하라

• 적용을 위한 질문 •

1. 지금 예수님을 삶의 주인으로 모시고 살고 있나요? 실제적인 예를 한 가지 적어보세요.

   ....

   ....

   ....

   ....

   ....

2. 힘든 일을 겪을 때도 하나님께 감사하고 있나요? 감사하는 습관을 기르기 위해 내가 할 수 있는 일은 무엇일까요?

   ....

   ....

   ....

   ....

   ....

Chapter 3

믿음은 하나님을 기쁘시게 하는 것이다

"믿음이 없이는
하나님을 기쁘시게 하지 못하나니
하나님께 나아가는 자는 반드시 그가 계신 것과
또한 그가 자기를 찾는 자들에게
상 주시는 이심을 믿어야 할지니라"

히브리서 11장 6절

믿음은 하나님을
기쁘시게 하는 것이다

3

우리나라 속담 중에 "믿는 도끼에 발등 찍힌다."라는 말이 있습니다. 잘되리라고 확신했던 일이 어긋나거나 믿었던 사람에게 배신당하는 것을 비유적으로 이르는 말입니다. 실제로 이 속담처럼 사람을 믿고 따르다가 명예와 재산을 잃고 큰 절망에 빠진 사람들의 이야기가 신문에 종종 실리곤 합니다.

사람은 믿고 따르기에는 불완전하고 연약한 존재입니다. 사람은 사랑하고, 배려하며, 용서해야 할 대상이지 믿음의 대상이 아닙니다. 우리가 온전히 신뢰할 수 있는 분, 전적으로 믿고 모든 것을 맡길 수 있는 분은 오직 하나님밖에 없습니다.

1. 믿음의 대상은 오직 하나님이시다

우리가 무엇을 믿는가는 대단히 중요한 문제입니다. 우리가 믿는 대상이 무엇이냐에 따라 우리 삶의 방향이 결정되기 때문입니다. 크리스천의 믿음의 대상은 오직 하나님이십니다. 하나님 외에 그 누구도, 그 무엇도 우리의 믿음의 대상이 될 수 없습니다.

그렇기에 우리가 하나님께 마땅히 드려야 할 것이 바로 믿음이며, 우리가 믿음을 드릴 때 하나님을 기쁘시게 할 수 있습니다.

하나님의 영광을 위해

태초에 하나님이 천지를 창조하실 때 사람은 특별히 하나님의 형상대로 창조하셨는데, 이는 사람을 영적인 존재로 만드셨다는 것을 의미합니다.

> "하나님이 이르시되 우리의 형상을 따라 우리의 모양대로 우리가 사람을 만들고 그들로 바다의 물고기와 하늘의 새와 가축과 온 땅과 땅에 기는 모든 것을 다스리게 하자 하시고 하나님이

자기 형상 곧 하나님의 형상대로 사람을 창조하시되 남자와 여자를 창조하시고"(창 1:26-27)

사람은 하나님을 닮은 영적인 존재입니다. 그래서 하나님과 영으로 교제하고, 영으로 하나님을 예배하며 섬길 때 하나님을 기쁘시게 하고 하나님께 영광을 돌릴 수 있습니다.

"내 이름으로 불려지는 모든 자 곧 내가 내 영광을 위하여 창조한 자를 오게 하라 그를 내가 지었고 그를 내가 만들었느니라 … 이 백성은 내가 나를 위하여 지었나니 나를 찬송하게 하려 함이니라"(사 43:7, 21)

믿음의 사람과 함께하심

물론 하나님이 하나님의 형상대로 사람을 지으셨다고 해서 모든 사람과 교제하시는 것은 아닙니다. 하나님은 믿음의 사람과 함께하시며 믿음의 사람을 통해 일하십니다. 그래서 성경은 믿음이 없다면 결코 하나님을 기쁘시게 할 수 없다고 말씀합니다.

"믿음이 없이는 하나님을 기쁘시게 하지 못하나니"(히 11:6)

믿음이 없는 사람은 항상 부정적인 생각과 태도를 취합니다. 하나님은 부정적인 사람을 통해 일하신 적이 없습니다. 아무리 뛰어난 사람이라고 할지라도 불평하고 원망하는 사람에게서는 도리어 맡기신 사명을 되찾아 가셨습니다. 반면에 부족하고 실수가 있을지라도 믿음으로 하나님께 나아가는 사람은 하나님의 일을 위해 귀하게 쓰임 받게 됩니다.

믿음의 조상 아브라함도 처음부터 큰 믿음의 사람은 아니었습니다. 그러나 한 번, 두 번 아브라함이 믿음으로 순종할 때마다 그의 믿음이 점점 자라나서 마침내 하나님께 인정받는 믿음이 되었습니다. 하나님은 아브라함의 믿음을 의로 여기시고 그를 믿음의 조상으로 세우셨으며 그를 통해 위대한 역사를 이루셨습니다(롬 4:17-20).

히브리서 11장에는 아브라함처럼 믿음으로 하나님을 기쁘시게 했던 사람들의 이야기로 가득 채워져 있습니다. 그들은 어떤 상황에서도 하나님께 나아가는 믿음의 소유자들이었습니다.

2. 하나님께 가까이 나아가는 자

하나님께 가까이 나아간다는 것은 하나님과 친밀한 영적 관계를 맺음을 의미합니다. 그러나 이러한 관계는 하루아침에 이루어지지 않습니다. 매일의 삶 속에서 지속적으로 하나님과 동행하는 사람만이 하나님과 친밀한 영적 관계를 맺을 수 있습니다.

하나님과 동행하는 자

에녹은 죄악으로 가득한 세상에서 하나님을 향한 믿음을 지키며 하나님과 동행했습니다. 그렇게 360년 동안 하나님과 동행하는 삶을 살다가 죽음도 겪지 않고 하늘로 올려졌습니다. 성경은 에녹이 이러한 삶을 통해 "하나님을 기쁘시게 하는 자"로 인정받았다고 말씀합니다.

> "믿음으로 에녹은 죽음을 보지 않고 옮겨졌으니 하나님이 그를 옮기심으로 다시 보이지 아니하였느니라 그는 옮겨지기 전에 하나님을 기쁘시게 하는 자라 하는 증거를 받았느니라"(히 11:5)

우리의 삶도 에녹처럼 하나님을 기쁘시게 하는 삶이 되어야 합니다. 어떤 고난이나 시험, 유혹이 찾아올지라도 흔들리지 않고 믿음을 지키며 하나님과 동행해야 합니다. 매일 아침 하루를 시작하며 다음과 같이 기도하기를 바랍니다.

"주님, 믿음으로 주님을 기쁘시게 하는 삶을 살기를 원합니다. 내가 주님의 기쁨이 되어서 주님이 맡기신 사명을 잘 감당하게 하옵소서."

하나님의 존재를 확신하는 자

또한 하나님께 가까이 나아가는 자는 하나님의 존재를 확실히 믿고 의지하는 사람입니다.

"하나님께 나아가는 자는 반드시 그가 계신 것과"(히 11:6)

하나님은 계시를 통해 하나님 자신을 우리에게 나타내시는데, 계시에는 특별 계시와 자연 계시가 있습니다. 특별 계시는 말 그대로 특별한 방법, 예를 들면 하나님의 현현, 환상, 예언, 기록된 말씀, 그리고 무엇보다 예수 그리스도를 통한 계시를 말합니다. 하나님은 예수 그리스도를 이 땅에 보내어 하나님이 어떤 분인지 알게 하시고 하나님을 믿게 하셨습니다.

반면에 자연 계시는 하나님이 창조하신 피조물의 세계, 즉 자연을 통해 나타나는 계시입니다. 거대하고 신비하고 측량할 수조차 없는 우주 만물, 그리고 그 안에 나타난 오묘한 섭리 자체가 창조주 하나님의 존재를 드러내고 있습니다. 그래서 바울은 다음과 같이 말합니다.

"창세로부터 그의 보이지 아니하는 것들 곧 그의 영원하신 능력과 신성이 그가 만드신 만물에 분명히 보여 알려졌나니 그러므로 그들이 핑계하지 못할지니라"(롬 1:20)

세상 사람들은 "하나님이 보여야 믿지."라고 말합니다. 그러나 하나님은 태초에 천지를 창조하시고, 누구도 핑계하지 못하도록 이미 자연 계시를 통해 자신을 나타내셨습니다.

이처럼 하나님은 특별 계시와 자연 계시를 통해 하나님의 존재를 분명히 알게 하셨습니다. 그럼에도 여전히 하나님의 존재를 의심하는 자는 결코 하나님께 나아갈 수 없습니다. 믿음으로 하나님의 계시를 받아들이고 하나님이 '반드시 계신 것'을 확신하는 자만이 비로소 하나님께 가까이 나아갈 수 있습니다.

하나님은 지금도 살아 역사하십니다. 아브라함의 하나님, 이삭의 하나님, 야곱의 하나님이 되어주신 것처럼, 하나님은 지금도 살아 역사하셔서 우리의 하나님이 되십니다.

"예수 그리스도는 어제나 오늘이나 영원토록 동일하시니라"(히 13:8)

하나님을 기쁘시게 하는 자

모세가 하나님께 처음 사명을 받을 때, 이스라엘 백성에게 하나님을 어떤 분으로 소개해야 할지 물었습니다. 그때 하나님은 자신을 "스스로 있는 자"라고 말씀하셨습니다.

"하나님이 모세에게 이르시되 나는 스스로 있는 자이니라 또 이르시되 너는 이스라엘 자손에게 이같이 이르기를 스스로 있는 자가 나를 너희에게 보내셨다 하라 하나님이 또 모세에게 이르시되 너는 이스라엘 자손에게 이같이 이르기를 너희 조상의 하나님 야훼 곧 아브라함의 하나님, 이삭의 하나님, 야곱의 하나님께서 나를 너희에게 보내셨다 하라 이는 나의 영원한 이름이요 대대로 기억할 나의 칭호니라"(출 3:14-15)

스스로 존재한다는 것은 그 무엇도 의존하지 않으며 영향

받지도 않음을 뜻합니다. 이는 창조주 하나님과 피조물 간의 본질적인 차이입니다. 인간을 포함하여 모든 피조물은 무언가에 의존하며 살아갈 수밖에 없지만, 하나님은 존재의 근원으로서 시공간도 초월하여 영원히 스스로 계십니다. 그렇기에 스스로 존재하시는 하나님께는 그 어떤 것도 필요하지 않습니다. 하지만 하나님은 하나님의 형상을 따라 사람을 지으셔서 하나님의 대리자로 삼으시고 만물을 다스리는 권세를 주셨습니다. 그 목적은 단 하나, 하나님이 영광을 받으시기 위함입니다.

그런데 사람은 하나님이 주신 사명을 망각하고, 하나님의 영광을 위해서가 아니라 자신의 유익과 안녕을 위해 창조 세계를 파괴했습니다. 그 결과 오늘날 지구 오존층이 파괴되고 온난화 현상이 나타나서 홍수, 가뭄 등의 천재지변이 발생하고 있습니다.

요한복음 3장 16절에 기록된 "하나님이 세상을 이처럼 사랑하사"라는 말씀에는 하나님이 이 세상을 사랑하시기 때문에 우리가 잘 관리해야 한다는 뜻을 담고 있습니다. 이제는 우리가 하나님이 맡기신 사명에 순종하여 이 세상을 아름답게 가

꾸고 보존해야 합니다. 그것이 곧 하나님을 기쁘시게 하는 일이 될 것입니다.

3. 하나님을 찾는 자

하나님은 하나님을 간절히 찾는 자를 만나주시고 그에게 상 주시는 분이십니다.

> "또한 그가 자기를 찾는 자들에게 상 주시는 이심을 믿어야 할지니라"(히 11:6)

진심으로, 부지런히, 열심히

하나님은 '진심으로, 부지런히, 열심히' 하나님을 찾는 사람에게 풍성한 은혜와 복을 내려 주십니다. 6·25 전쟁 이후 폐허가 된 대한민국을 재건하기 위해 온 국민이 노력했습니다. 동시에 많은 사람이 교회에 나와 하나님을 간절히 찾았습니다. 고된 일과를 마치고, 혹은 이른 새벽에 일어나 예배를 드리며 하나님께 부르짖었습니다. 하나님이 우리의 간절한 기도에 응답해 주셔서 대한민국을 세계 10대 경제 대국으로 세워주시고, 교회마다 큰 부흥을 부어주셨습니다.

그런데 요즘은 한국교회에 예전과 같은 열정이 사라진 것처럼 보입니다. 힘들고 어려울 때, 고난 가운데 있을 때는 믿고 의지할 분이 하나님밖에 없었지만, 삶이 풍요로워지자 하나님을 향한 간절한 마음을 잃어버리게 된 것입니다. 이제 다시 기도와 감사와 찬양으로 신앙의 본질을 회복하고 하나님께 부르짖어야 합니다.

"너희는 야훼를 만날 만한 때에 찾으라 가까이 계실 때에 그를 부르라"(사 55:6)

하나님을 알지 못하는 사람들은 지금도 여전히 자신을 만족시켜 줄 무언가를 찾아 헤매고 있습니다. 특히 게임, 도박, 술, 담배, 마약 등 각종 중독에 빠져 인생을 허무하게 낭비하는 사람이 늘고 있습니다. 혹시 하나님을 떠나 깊은 절망 가운데 처해있지는 않나요? 다시 하나님께로 돌아오기를 바랍니다. 우리가 온 마음으로 하나님을 찾으면 하나님이 만나주실 것입니다.

"너희가 온 마음으로 나를 구하면 나를 찾을 것이요 나를 만나리라"(렘 29:13)

예배에 승부를 걸자

하나님을 찾고, 또 하나님을 만날 수 있는 가장 좋은 방법은 예배입니다. 하나님은 우리의 예배를 기쁘게 받으시고 예배 가운데 우리를 만나주십니다. 따라서 우리는 마음과 정성을 다해 하나님을 예배해야 합니다.

"하나님은 영이시니 예배하는 자가 영과 진리로 예배할지니라"(요 4:24)

제가 어린 시절 할아버지를 따라 여의도순복음교회에 와서 성령침례를 체험한 후, 저에게 가장 큰 기쁨은 하나님께 예배를 드리는 일이었습니다. 하나님께 예배드리는 것이 얼마나 좋던지 주일마다 교회학교에서 예배를 드린 후에 어른들과 함께 또다시 예배를 드렸습니다. 그리고 수요일에는 저녁 7시 30분부터 11시까지 수요성경강해를 들었고, 금요일에는 밤 11시부터 새벽 4시까지 철야예배를 드린 후 토요일 아침에 등교했던 기억이 납니다. 제가 지금까지 목회를 잘 감당해 올 수 있던 것은 저의 예배를 기쁘게 받으신 하나님이 은혜를 베풀어 주셨기 때문이라고 믿습니다.

인생에 고난이 찾아올수록, 문제가 생길수록 예배에 승부를 걸어야 합니다. 예배에 최선을 다하면 하나님이 그 예배를 기쁘게 받으시고 은혜와 축복을 넘치도록 부어주십니다.

1999년 12월, 20세기를 마치며 뉴욕타임스에서 금세기 최고의 갑부로 록펠러를 소개한 적이 있습니다. 록펠러는 미국의 석유왕으로 잘 알려져 있습니다. 그는 33세에 백만장자가 되었고, 43세에 세계에서 가장 큰 회사를 소유하게 되었으며, 53세에 세계 최고의 부자가 되었습니다.

가난한 가정에서 태어난 그는 어린 시절, 먹을 것이 없어 굶주리는 날이 많았습니다. 하지만 어머니로부터 값진 신앙의 유산을 물려받았습니다. 유태인이었던 록펠러의 어머니는 다음과 같은 신앙의 십계명을 그에게 가르쳤습니다.

1. 하나님을 친아버지 이상으로 섬겨라
2. 목사님을 하나님 다음으로 섬겨라

3. 주일 예배는 본교회에서 드려라

4. 오른쪽 주머니는 항상 십일조 주머니로 하라

5. 아무도 원수로 만들지 말라

6. 아침에 목표를 세우고 기도하라

7. 잠자리에 들기 전 하루를 반성하고 기도하라

8. 아침에는 꼭 하나님의 말씀을 읽어라

9. 남을 도울 수 있으면 힘껏 도우라

10. 예배 시간에 항상 앞에 앉아라

록펠러는 어머니에게 배운 신앙의 십계명을 지키며 살았습니다. 6세 때부터 십일조를 시작했는데, 사업이 크게 성장한 후에는 십일조를 계산하는 직원만 40명이 넘었다고 합니다. 55세 때 중병을 앓고 난 뒤에는 하나님이 자신에게 주신 재산으로 이웃을 섬기면서 살기로 결심했습니다. 이후 그는 록펠러 재단을 세워 병원, 의학 연구소, 교회, 학교를 세우고 후원하는 데 전념했습니다. 죽음을 앞두고는 자신의 전 재산을 모아 사회에 환원했는데, 그 금액이 당시 일본 한 해 예산의 8배에 이르렀다고 합니다.

가난한 환경에서 살았던 한 소년이 세계 최대의 부자가 되어 온 세계에 선한 영향력을 끼칠 수 있었던 비결은 하나님과의 친밀한 관계에 있습니다. 어머니의 가르침을 따라 올바른 신앙을 지키며 살았기에 하나님이 그에게 넘치는 복을 부어주신 것입니다.

이처럼 하나님과의 관계가 바로 서면 하나님이 우리의 인생을 책임져 주시고 형통한 길로 인도해 주십니다. 여러분 모두가 하나님과 친밀한 관계를 맺어 하나님을 기쁘시게 하는 믿음의 사람이 되기를 바랍니다.

• 핵심요약 •

믿음은 하나님을
기쁘시게 하는 것이다

1. 믿음의 대상은 오직 하나님이시다
- 믿음을 드림으로써 하나님을 기쁘시게 하라
- 하나님은 믿음의 사람과 함께하신다

2. 하나님께 가까이 나아가는 자
- 매일의 삶 속에서 하나님과 동행하라
- 하나님의 존재를 확실히 믿고 의지하라
- 하나님을 기쁘시게 하라

3. 하나님을 찾는 자
- 진심으로, 부지런히, 열심히 하나님을 찾으라
- 예배에 승부를 걸어라

• 적용을 위한 질문 •

1. 믿음의 고백, 믿음의 결단, 혹은 믿음의 행동 등 나의 믿음으로써 하나님을 기쁘시게 한 일이 있나요?

　

2. 하나님께 가까이 나아가기 위해 내가 해야 할 일은 무엇일까요? 하루 혹은 일주일 단위로 구체적인 방법을 적어보세요.

Chapter

4

믿음은 예수님을
바라보는 것이다

"이러므로 우리에게 구름 같이 둘러싼
허다한 증인들이 있으니
모든 무거운 것과 얽매이기 쉬운 죄를
벗어 버리고 인내로써 우리 앞에 당한
경주를 하며 믿음의 주요 또 온전하게
하시는 이인 예수를 바라보자 그는 그 앞에
있는 기쁨을 위하여 십자가를 참으사
부끄러움을 개의치 아니하시더니
하나님 보좌 우편에 앉으셨느니라"

히브리서 12장 1-2절

믿음은 예수님을
바라보는 것이다

4

성도의 삶은 무엇을 바라보느냐에 따라 크게 달라집니다. 가령 똑같은 상황에서라도 부정적인 결과를 생각하고 바라보는 사람은 낙심하고 절망하며 살아가지만, 하나님을 바라보며 긍정적인 생각을 가지고 살아가는 사람은 결국 승리의 삶을 살아가게 됩니다.

무엇보다 우리가 바라보아야 할 분은 예수 그리스도이십니다. 그분은 절대 절망인 죽음 앞에서도 하나님을 온전히 신뢰하며 십자가의 저주를 이기고 부활하신 분이기 때문입니다. 따라서 어떤 상황에 있더라도 우리의 시선을 예수님께 고정하고 믿음을 잃지 않는다면 반드시 하나님이 기뻐하시는 승리의 삶을 살게 될 것입니다.

1. 예수 그리스도는 믿음의 창시자이시다

우리가 예수 그리스도를 바라보아야 하는 또 다른 이유는 그분으로 말미암아 우리의 믿음이 시작되며, 그분을 향해 우리의 믿음이 자라나며, 그분 안에서 우리 믿음이 완성되기 때문입니다.

"믿음의 주요 또 온전하게 하시는 이인 예수를 바라보자 그는 그 앞에 있는 기쁨을 위하여 십자가를 참으사 부끄러움을 개의치 아니하시더니 하나님 보좌 우편에 앉으셨느니라"(히 12:2)

믿음의 주 예수 그리스도

히브리서 12장 2절은 예수님을 "믿음의 주"라고 말씀합니다. "주"라는 단어를 ESV 영어 성경은 파운더(Founder)라고 번역했습니다. 파운더는 '설립자'라는 뜻입니다. NIV 영어 성경은 '개척자'라는 뜻을 가진 파이어니어(Pioneer)라고 번역했습니다. 어떤 것을 처음 설립하고 개척하는 사람을 가리켜 우리는 '창시자'라고 말합니다.

예수님은 우리 믿음의 '창시자'이십니다. 우리 믿음은 그분께서 우리를 대신하여 십자가에서 죽으시고 사흘 만에 부활하신 분이심을 믿는 것으로부터 시작되기 때문입니다. 더 나아가 우리의 믿음은 예수님이 우리의 죄를 대속하시고, 하늘에 오르셔서 지금도 하나님 우편에서 우리를 위해 중보하시며, 이 땅에 다시 오실 분이심을 믿는 데에까지 나아가는 것이기 때문입니다.

이처럼 예수님은 우리 믿음의 시작이며 유일한 대상이십니다. 따라서 우리가 예수님을 주로 믿고 입으로 시인하여 하나님께 의롭다 함을 얻은 순간부터 우리는 오직 예수님만을 바라보며 살아가야 합니다.

말씀을 묵상하라

우리는 우리 믿음의 창시자요, 유일한 대상이 되시는 예수님을 알아가기를 힘써야 합니다. 이를 위해 우리는 주야로 말씀을 가까이해야 합니다. 왜냐하면 성경은 오랫동안 많은 사람에 의해 쓰였지만 예수 그리스도 한 분께 초점이 맞추어져 있기 때문입니다.

"내가 너로 여자와 원수가 되게 하고 네 후손도 여자의 후손과 원수가 되게 하리니 여자의 후손은 네 머리를 상하게 할 것이요 너는 그의 발꿈치를 상하게 할 것이니라 하시고"(창 3:15)

예를 들어, 창세기 3장 15절에서 하나님은 여자의 후손이 뱀의 머리, 즉 사탄의 머리를 밟을 것이라고 말씀하셨습니다. 여자의 후손으로 오시어 모든 죄와 사망의 권세를 깨뜨리실 예수님에 대해 말씀하신 것입니다. 또한 성경 맨 마지막에 있는 요한계시록은 "아멘 주 예수여 오시옵소서"라는 말씀으로 마무리되고 있습니다.

"이것들을 증언하신 이가 이르시되 내가 진실로 속히 오리라 하시거늘 아멘 주 예수여 오시옵소서"(계 22:20)

구약성경은 앞으로 오실 예수님을 전하고 있습니다. 신약성경은 예언의 말씀대로 이 땅에 오신 예수님, 그리고 장차 다시 오실 예수님을 전합니다. 그래서 우리는 성경을 읽을 때 먼저 말씀대로 오신 예수님을 기억하고, 장차 다시 오실 예수님을 소망하는 마음을 가져야 합니다. 이렇게 성경을 읽다 보면 우리 마음속에 믿음이 무럭무럭 자라고, 하나님의 은혜가 풍성하게 열매 맺힐 것입니다.

2. 예수 그리스도는 믿음의 완성자가 되신다

히브리서 12장 2절에 따르면 예수님은 우리의 믿음을 온전케 하시는 분이라고 말씀합니다. ESV 영어 성경은 이를 가리켜 퍼펙터(Perfector), 즉 '완성자'라고 말합니다. 예수님은 우리 믿음의 창시자일 뿐만 아니라 우리의 믿음을 완성하시는 분입니다.

예수님 안에서 시작된 우리의 믿음은 오직 예수님을 따르는 삶을 통해 온전한 믿음으로 성장합니다. 그분이 가신 믿음과 소망과 사랑의 길을 따라갈 때 우리는 믿음의 최종 목표, 즉 '하나님의 영광을 드러내는 삶'을 살아가게 됩니다. 그러므로 예수님은 우리의 믿음을 완성하시는 분입니다.

믿음의 목표와 마침이 되신 예수님

판다는 180g으로 태어나 100-150kg까지 자라는 희귀한 동물입니다. 이렇게 작게 태어나서 크게 자라는 것은 창조의 신비입니다. 우리의 믿음도 처음에는 미약하지만, 점점 자라나게 됩니다.

과거 뉴욕 퀸즈한인교회 담임이셨던 한진관 목사님이란 분이 계셨습니다. 하루는 부흥회를 인도하시면서, '예수님을 믿은 지 10년이 넘었어도 성숙하지 못한 성도는 기저귀를 떼지 못한 아기와 같은 성도'라고 비유하셨습니다. 신앙생활을 한 지 오래되었지만, 여전히 초보 신앙에 머물러 있어선 안 된다는 의미에서 하신 말씀이었습니다.

우리도 초보적 신앙에 머물러 있진 않은지 자신을 돌아보아야 합니다. 오직 예수님 안에서 우리의 믿음이 성장하고 완성될 수 있음을 기억하며 날마다 예수님을 따라가야 합니다. 우리 모두 그 믿음 안에서 거룩한 꿈을 꾸며 성령님의 인도하심을 따라 새로운 역사를 창조해 나가는 하나님의 일꾼이 되길 소망합니다.

3. 믿음은 예수님께 시선을 고정하는 것이다

우리는 믿음의 본이 되시는 예수님만 바라보아야 합니다. 예수님께 시선을 고정하고 좌로나 우로나 치우치지 않을 때 하나님의 은혜와 축복과 기적이 임하게 됩니다.

눈길을 고정하라

대한성서공회에서 신약성경과 시편을 현대어로 새롭게 번역하여 『새한글성경』을 출판했습니다. 새한글성경에는 "예수를 바라보자"(히 12:2)라는 말씀을 다음과 같이 번역했습니다.

> "예수님께로 눈길을 고정합시다"(히 12:2)

이는 영어 성경인 NIV의 번역, "Fixing our eyes on Jesus"와도 일치합니다. 말씀대로 우리는 예수님께 눈길을 고정해야 합니다. 예수님을 바라보던 시선을 다른 곳으로 돌린다면 위기에 빠질 수 있습니다. 이러한 사실은 물 위를 걸었던 베드로의 이야기에 잘 나타나 있습니다.

> "오라 하시니 베드로가 배에서 내려 물 위로 걸어서 예수께로 가되 바람을 보고 무서워 빠져 가는지라 소리 질러 이르되 주여 나를 구원하소서 하니 예수께서 즉시 손을 내밀어 그를 붙잡으시며 이르시되 믿음이 작은 자여 왜 의심하였느냐 하시고"(마 14:29-31)

밤중에 배를 타고 호수를 건너가던 제자들은 거친 풍랑을 만나 곤경에 처했습니다. 그들은 놀랍게도 물 위로 걸어오는 예수님을 발견했습니다. 유령이라고 생각하여 심히 두려워하던 제자들 가운데 베드로가 용기를 내어 "주님이시거든 나를 명하사 물 위로 오라 하소서"라며 증거를 구했습니다. 그는 '오라' 하시는 예수님의 말씀에 순종하여 나아갔습니다. 한 걸음 두 걸음 물 위를 걷는 기적이 일어났습니다. 그런데 갑자기 베드로는 두려움에 사로잡혔고 결국 물에 빠졌습니다. 예수님은 베드로의 손을 잡아 건지시며 "믿음이 작은 자여 왜 의심하였느냐"라고 말씀하셨습니다.

베드로가 예수님만 바라볼 때는 물 위를 걸을 수 있었지만, 주위를 보고 믿음을 빼앗기자, 물에 빠졌습니다. 여기에 우리가 깨달을 수 있는 중요한 교훈이 있습니다. 우리가 무엇을 바라보느냐에 따라 인생의 성패가 달라진다는 것입니다. 예수님을 바라보면 풍랑이 일어나는 물결 가운데에서도 앞으로 나아갈 수 있지만, 환경을 바라보고 문제를 주목하면 결국 절망에 빠져 좌절할 수밖에 없습니다.

베드로가 물에 빠지게 된 이유는 예수님만 바라보던 시선을 돌려 환경을 바라보았기 때문입니다. 우리는 이 가르침을 마음에 새기고, 어떤 상황 속에서도 예수님께 시선을 고정해야 합니다. 예수님을 바라보는 믿음을 갖는다면 우리는 어떤 문제가 다가와도 넉넉히 이길 수 있습니다.

예수를 깊이 생각하라

예수님께 눈길을 고정하라는 것은 예수님을 깊이 묵상하고 예수님 중심으로 살아가라는 말과 같습니다. 예수님만이 믿음의 주시며 구원의 길이 되십니다(행 4:12). 우리는 이 예수님을 항상 깊이 생각해야 합니다.

> "그러므로 함께 하늘의 부르심을 받은 거룩한 형제들아 우리가 믿는 도리의 사도이시며 대제사장이신 예수를 깊이 생각하라"(히 3:1)

예수님을 깊이 생각하다 보면 내 생각이 예수님의 생각으로 변화되는 놀라운 은혜를 체험할 수 있습니다. 그러므로 누군가와 대화하든지, 무슨 일을 하든지 예수님의 생각을 품기 위해 노력해야 합니다.

이러한 삶은 나 중심의 삶을 버리고 예수님 중심으로 사는 삶, 다시 말해 매 순간 예수님을 굳게 붙잡는 삶입니다(히 4:14).

항상 우리 곁에 계셔서 우리의 마음과 형편을 헤아리시고 우리를 도와주시는 참으로 좋으신 주님을 믿고 의지하는 삶입니다.

4. 믿음은 예수님을 닮아가는 것이다

믿음의 성장

우리는 초보적인 신앙에서 성숙한 신앙으로 성장해야 합니다. 이스라엘 백성들을 애굽에서 이끌어 낸 모세도 성숙한 신앙으로 성장한 사람이었습니다.

모세는 40세까지 애굽의 궁중에서 왕자의 신분으로 자라면서 애굽의 모든 문화를 익히고 최고의 학문을 배웠습니다(행 7:22). 그러던 어느 날 자기 민족을 괴롭히던 애굽 사람을 쳐 죽여 모래 속에 감추었습니다. 모세는 이 일을 통해 이스라엘 백성들이 자신을 애굽에서 해방해 줄 지도자로 믿고 따르리라 생각했습니다.

그러나 다음날 다시 노동 현장에 나갔다가 히브리인들끼리 싸우는 것을 보고 말리려 하다가 오히려 그들로부터 "누가 너를 우리를 다스리는 자와 재판관으로 삼았느냐 네가 애굽 사람을 죽인 것처럼 나도 죽이려느냐"(출 2:14)라는 비난을 받게 되었습니다. 결국 이 사건으로 모세는 바로의 눈을 피해 미디안 광야로 도망가게 되었습니다. 자신의 힘으로 이스라엘을 구원하려다가 실패하고 도망자 신세가 된 것입니다.

미디안 광야에서의 40년은 모세에게 있어 자신을 아무것도 아닌 존재로 새롭게 발견하는 시간이었습니다. 하루아침에 왕자의 신분에서 가장 낮고 천한 양치기 목자의 신세가 된 것입니다. 광야 생활의 외로움 속에서 모세는 하나님 앞에서 완전히 깨어져서, 80세에 하나님이 부르시고 사명을 주셨을 때 자신은 그 일을 할 수 없다고 겸손하게 사양합니다.

이 모습은 혈기왕성하여 사람을 죽이고, 자신의 힘으로 민족을 구원하려고 했던 40세의 모세와 대조됩니다. 하나님은 광야에서 완전히 자아가 깨어져 겸손해진 80세의 모세를 통해 하나님의 뜻을 이루셨습니다.

"이제 내가 너를 바로에게 보내어 너에게 내 백성 이스라엘 자손을 애굽에서 인도하여 내게 하리라"(출 3:10)

이후 모세는 온유함이 지면의 모든 사람보다 뛰어난 사람이 되었습니다(민 12:3). 이러한 성숙한 신앙의 모습은 예수님을 생각나게 합니다.

"나는 마음이 온유하고 겸손하니 나의 멍에를 메고 내게 배우라 그리하면 너희 마음이 쉼을 얻으리니"(마 11:29)

예수님은 하나님의 본체이셨음에도 겸손하게 자신을 비우시고 사람의 모습으로 이 땅에 오셨습니다. 또한 사람들에게 많은 핍박과 조롱을 당하면서도 온유한 마음으로 그들을 용서하고 묵묵히 십자가의 길을 걸어가셨습니다. 이처럼 예수님을 닮은 모습이야말로 성숙한 신앙입니다.

"너희도 성령 안에서 하나님이 거하실 처소가 되기 위하여 그리스도 예수 안에서 함께 지어져 가느니라"(엡 2:22)

우리도 날마다 성장하여 성령 안에서 하나님이 거하실 처소가 되어야 합니다. 예수 그리스도 안에서 완전히 새사람이 되었다는 것을 기억하고, 날마다 믿음의 성장을 이루어 예수님처럼 온유하고 겸손한 사람이 되어야 합니다.

예수님을 닮아가자

저는 예수원에서 사역하셨던 대천덕 신부님을 뵐 때마다 '참 예수님을 닮으셨다.'라는 생각이 들었습니다. 신부님과 같이 우리도 예수님을 믿고 성령충만을 받아 예수님의 모습을 닮아가야 합니다.

예수원 초창기에 있었던 일화입니다. 대천덕 신부님은 어려운 이웃을 돕기 위해 후원받은 구호품을 예수원의 창고에 쌓아 놓고 산골에 사는 동네 사람들에게 일일이 나누어 주곤 하셨습니다.

당시 예수원은 산골에 있었기에 전기가 들어오지 않았습니다. 그래서 자가 모터 발전기를 사용해서 전등을 밝혔습니다. 그러던 어느 겨울날, 구호품 창고에서 사용하던 발전기가 과열되면서 인근에 놓인 옷가지에 불이 붙는 바람에 구호품 창고에 큰 화재가 일어났습니다. 구호품 창고 안에 있던 발전기를 꺼놓지 않아 일어난 일이었습니다.

예수원은 산 중턱에 있어서 소방차가 들어올 수 없었고, 소방관이 산을 걸어서 올라왔을 때는 이미 구호품 창고가 완전히 타버린 후였습니다. 대천덕 신부님이 외부 성회로 인해 자리를 비운 사이에 불이 났기에 당시 부원장으로 예수원을 관리하던 조병호 목사님은 신부님에게 화재 사건을 어떻게 말씀드려야 할지 심히 고민되었습니다. 얼마나 고민이 심했던지 신부님이 예수원으로 돌아오시기 전날에는 뜬눈으로 밤을 지냈습니다.

다음날 대천덕 신부님을 기차역에서 모시고 오던 조병호 목사님은 예수원에 거의 다다른 곳에서야 비로소 힘겹게 사실을 털어놓았습니다. "신부님, 구호품 창고가 그만 불이 나서 구호품이 모두 불에 타버리고 말았습니다. 다 저의 불찰입니다. 미리 발전기 주변을 살폈어야 했는데, 저 때문에 불이 났습니다. 너무 죄송합니다."

그 말을 듣고 대천덕 신부님이 하신 말씀은 지금도 저에게 큰 감동을 줍니다. 신부님은 환하게 웃으시면서 손을 번쩍 들고 "그래도 할렐루야!"라고 외치셨던 것입니다. 보통 사람들이라면 창고를 어떻게 관리했기에 구호품들이 불에 타버려 잿더미가 돼버렸는가 화를 낼 수도 있는 일이었습니다. 하지만 대천덕 신부님은 예수님 닮기를 사모하며 사시던 분이었기에 그런 태도를 보이실 수 있었던 것입니다.

 문제 앞에서 "그래도 할렐루야!"라고 고백하는 것이 쉬운 일이 아닙니다. 그러나 예수님을 닮아가기를 소망하는 사람은 어떤 상황과 여건 속에서도 "그래도 할렐루야!"라고 고백해야 합니다. 환경을 바라보지 말고 예수님을 바라볼 때, 예수님께 시선을 고정할 때, 우리는 예수님을 닮은 성숙한 믿음의 사람으로 살아가게 될 것입니다.

• 핵심요약 •

믿음은 예수님을 바라보는 것이다

1. 예수 그리스도는 믿음의 창시자이시다
- 믿음의 주는 예수 그리스도이시다
- 성경은 예수님에 대한 이야기이다
- 말씀을 묵상하여 믿음의 뿌리를 내리라

2. 예수 그리스도는 믿음의 완성자가 되신다
- 예수님은 믿음의 목표와 마침이 되신다
- 예수님께 나아가라

3. 믿음은 예수님께 시선을 고정하는 것이다
- 예수님께 눈길을 고정하라
- 예수님을 깊이 생각하라

4. 믿음은 예수님을 닮아가는 것이다
- 초보적인 신앙에서 성숙한 신앙으로 성장하라
- 예수님을 닮아가라

• 적용을 위한 질문 •

1. 나는 얼마나 하나님의 말씀을 가까이하고 있나요? 날마다 말씀을 묵상하기 위한 계획을 적어보세요.

   ....
   ....
   ....
   ....
   ....

2. 내 말과 행동에서 예수님을 닮은 모습이 나타나고 있나요? 성숙한 신앙인이 되기 위해서 내가 할 수 있는 일은 무엇인가요?

   ....
   ....
   ....
   ....
   ....

Chapter 5

믿음은 순종이다

"야훼께서 아브람에게 이르시되
너는 너의 고향과 친척과 아버지의 집을 떠나
내가 네게 보여 줄 땅으로 가라
내가 너로 큰 민족을 이루고 네게 복을 주어
네 이름을 창대하게 하리니 너는 복이 될지라
너를 축복하는 자에게는 내가 복을 내리고
너를 저주하는 자에게는 내가 저주하리니
땅의 모든 족속이 너로 말미암아
복을 얻을 것이라 하신지라"

창세기 12장 1-3절

믿음은
순종이다

5

 현대인들은 '순종'이라는 말을 별로 좋아하지 않습니다. 타인에 의해 자신의 자유와 결정권이 침해받는다고 생각하기 때문입니다. 그래서 순종을 군대의 상명하복(上命下服), 즉 윗사람의 명령에 강제적으로 복종하는 것과 비슷하게 받아들이는 경우가 많습니다.

 그러나 성경에서 말하는 순종은 복종의 의미와는 다릅니다. 성경에서 순종은 하나님과의 인격적인 관계 속에서 이루어집니다. 그렇기에 순종은 강제가 아닙니다. 크리스천의 순종은 우리를 구원해 주신 하나님을 향한 사랑과 감사의 마음으로 하나님의 말씀을 기쁘게, 그리고 온전히 따르는 것을 의미합니다.

1. 믿음은 하나님과의 관계이다

우리는 여러 사람과 관계를 맺으며 살아갑니다. 만약 어떤 사람이 자주 거짓말을 하거나 자기 말을 수시로 번복한다면 우리는 그 사람을 신뢰할 수 없을 것입니다. 반면에 자기가 한 말은 반드시 지키려고 노력하는 사람, 타인의 유익을 위해 자신의 이익을 포기할 수 있는 사람, 가식이 없고 정직한 사람은 신뢰하게 됩니다. 그래서 평소 신뢰하는 사람이 언뜻 이해되지 않는 말과 행동을 한다고 해도 그가 그렇게 할 만한 충분한 이유가 있을 것이라고 믿게 됩니다.

하나님을 향한 믿음도 마찬가지입니다. 믿음은 하나님과의 바른 관계를 기반으로 합니다. 우리는 하나님과 관계를 맺으면서 사랑과 자비와 긍휼이 많고 공의로우신 하나님을 경험하며 하나님이 어떤 분이신지를 알게 됩니다. 하나님에 대한 이러한 경험과 지식은 하나님을 향한 신뢰가 되고, 그런 신뢰 가운데 우리는 하나님의 말씀에 기꺼이 순종합니다.

하지만 크리스천 중에는 '하나님의 말씀에 왜 순종해야 하는가?'라며 의심하는 분들이 있습니다. 이들은 하나님의 말씀을 들으면 즉시 순종하는 대신 "그렇게 하는 게 맞나요? 왜 그렇게 해야 합니까?"라고 되묻습니다. 이러한 반응은 결국 자신이 하나님과 올바른 관계를 맺지 못하고 있으며, 하나님을 향한 믿음도 부족한 상태임을 스스로 드러내는 것입니다. 하나님과의 바른 관계 속에서 하나님을 온전히 신뢰한다면 하나님의 말씀에 대한 우리의 반응은 오직 "아멘!"뿐입니다.

의심은 불순종을 낳는다

하나님을 향한 신뢰와 전적인 순종에 대한 강조는 창조 이야기에서부터 잘 나타나 있습니다. 우주 만물을 창조하신 하나님은 에덴동산을 만드셔서 아담과 하와를 그곳에 두셨습니다. 하나님은 그들에게 에덴동산의 모든 것을 누리며 사는 복을 주셨지만, 단 한 가지는 금하셨습니다.

> "선악을 알게 하는 나무의 열매는 먹지 말라 네가 먹는 날에는 반드시 죽으리라"(창 2:17)

그런데 사탄이 뱀에게 들어가 하와를 유혹했습니다. "하나님이 참으로 너희에게 동산 모든 나무의 열매를 먹지 말라 하시더냐"(창 3:1). 이 같은 뱀의 질문에 하와는 의심하기 시작했습니다. '하나님이 왜 선악과를 먹지 말라고 하셨을까?' 의문이 생기자 선악과를 바라보는 하와의 시선이 바뀌었습니다. 먹지 말아야 할 그 열매가 먹음직도 하고 보암직도 하고 지혜롭게 할 만큼 탐스럽게 보인 것이었습니다. 결국 그녀는 선악과를 따서 먹었고, 옆에 있던 아담에게 줘서 그도 함께 선악과를 먹었습니다.

이처럼 의심은 불순종의 죄로 이어집니다. 그렇기에 사탄은 우리의 마음속에 끊임없이 의심의 씨앗을 심으려고 합니다. 의심이 자라나서 우리를 하나님의 말씀에 불순종하게 만들고, 결국 불신앙의 길로, 하나님을 반역하는 길로 가게 하는 것입니다.

하나님께 인정받는 믿음

그러므로 우리는 먼저 하나님과 올바른 관계를 맺는 데 집중해야 합니다. 하나님과의 관계가 친밀해지고 깊어져야 비로소 하나님을 온전히 신뢰할 수 있게 됩니다. 그러면 당장은 하나님의 말씀이 이해되지 않고 하나님의 뜻을 헤아릴 수 없어도, 하나님을 신뢰하며 순종할 수 있습니다. 좋으신 하나님이 마침내 선을 이루시고 우리의 발걸음을 축복의 길, 성공의 길로 인도하실 것이라 확신해야 합니다. 이러한 확신이 우리를 전적인 순종으로 이끌 것입니다.

"우리가 알거니와 하나님을 사랑하는 자 곧 그의 뜻대로 부르심을 입은 자들에게는 모든 것이 합력하여 선을 이루느니라"(롬 8:28)

하나님은 하나님과의 바른 관계 속에서 믿음으로 순종하는 사람들을 기뻐하시고 그 믿음을 인정하십니다. 그리고 하나님을 기쁘시게 하는 자들에게 하나님은 넘치는 은혜와 복을 주십니다.

세상 사람들은 타인과의 관계를 중요하게 생각하고 그로 인해 일희일비하곤 합니다. 어떤 분이 저를 찾아와서 "목사님, 제가 길을 가는데 그 집사님이 저를 쳐다도 안 보고 갔어요."라고 말하며 속상해한 적이 있습니다. 제가 그 집사님이 바빠서 미처 못 봤을 수도 있다고 말하니까, 오히려 한 걸음 더 나아갔습니다. "아니에요, 목사님. 그 집사님이 요즘 소식도 뜸하고 그러던데, 아무래도 속에 꽁한 게 있는 것 같았어요. 제가 오늘 그걸 확인했다니까요. 절 쳐다보면서 고개를 획 돌리고 가더군요." 이렇게 하나님이 아닌 다른 사람과의 관계를 자꾸 신경을 쓰다 보면 마음에 서운함이 생기고 결국 시험에 들게 됩니다.

하나님의 자녀에게 중요한 것은 사람과의 관계가 아니라 하나님과의 관계입니다. 하나님과의 올바른 관계를 통해 하나님께 인정받는 믿음의 사람이 되어서 하나님이 주시는 참 기쁨과 평안을 받아 누리시기를 바랍니다.

2. 믿음은 하나님 말씀에 대한 전적인 순종이다

믿음은 하나님의 말씀에 대한 전적인 순종이며 결단입니다. 하나님의 말씀 중에 순종하지 않아도 되는 말씀은 단 한 가지도 없습니다. 하나님이 우리에게 원하시는 순종은 부분적인 순종이 아닌 온전한 순종이기 때문입니다. 하나님을 기쁘시게 하는 사람은 하나님의 말씀에 전적으로 순종하는 사람이라고 말할 수 있습니다.

할아버지의 두 가지 가르침

저의 할아버지 이원근 장로님은 하나님과 교회를 향한 사랑이 남다른 분이셨습니다. 성공한 사업가이기도 했던 할아버지는 우리나라가 일제로부터 독립한 후 북한에 공산정권이 들어서자 신앙의 자유를 찾기 위해 모든 재산을 평양에 두고 가족들과 함께 남한으로 내려온 분이셨습니다. 제가 어릴 적 할아버지는 모든 가족에게 신앙생활을 하면서 철저히 지켜야 할 것을 두 가지 명령하셨습니다.

첫 번째는 주일 성수였습니다. 할아버지는 주일에는 오로지 하나님을 예배하는 데에만 최선을 다하라고 말씀하셨습니다. 주일에는 외식은 물론이고 오락과 TV 시청 등과 같은 문화생활도 허락하지 않으셨습니다. 그러니 주일 예배에 빠지는 것은 생각도 할 수 없는 일이었습니다. 몸이 아프면 부모님 등에 업혀서 교회에 가더라도 주일 예배만큼은 철저히 드려야 했습니다.

두 번째는 하나님께 십일조와 헌금을 철저히 드리는 것이었습니다. 할아버지는 십일조와 헌금을 제대로 하지 않는 것은 하나님의 것을 도둑질하는 일이라고 늘 말씀하셨습니다.

당시 할아버지는 매 주일 아침이면 제게 100환을 주시며 교회에 가서 헌금하라고 말씀하셨습니다. 그런데 어느 날 제 친구가 저에게 50환만 헌금하고 50환은 사탕을 사 먹자고 꼬드겼습니다. 저는 결국 친구의 유혹에 넘어가 사탕을 사서 친구와 함께 나눠 먹고 50환만 헌금을 드렸습니다.

그날 저녁 할아버지가 저를 부르셨습니다. "너 오늘 헌금을 제대로 드리고 왔느냐?" 할아버지의 엄한 눈빛 앞에서 저는 솔직하게 말씀드릴 수밖에 없었습니다. 그러자 할아버지는 저를 호되게 혼내셨습니다. "네가 어떻게 하나님의 것을 도둑질할 수가 있느냐?" 그때 눈물이 쏙 빠지도록 야단맞은 후로 지금까지 단 한 번도 주일 예배를 빠지거나 십일조와 헌금을 제대로 하지 않은 적이 없습니다. 할아버지의 가르침을 따라 주일에는 다른 모든 일을 제쳐두고 오직 하나님께 예배드리는 데만 집중하고 정성을 모아 하나님께 헌금을 드렸습니다.

그랬더니 하나님이 저의 인생 가운데 늘 함께하시고 지금까지 제가 부족함이 없이 살도록 큰 은혜를 베풀어 주셨습니다. 주일 성수와 헌금, 이 두 가지만 철저히 지켜도 하나님이 이토록 은혜를 주시는데, 하나님의 모든 말씀에 순종하면 하나님이 얼마나 더 큰 은혜를 베풀어 주시겠습니까? 하나님의 말씀에 순종하십시오. 그러면 하나님이 주시는 풍성한 복을 누릴 수 있습니다.

아브라함은 하나님께 전적으로 순종하여 그의 믿음을 인정받은 인물입니다. 특히 성경은 아브라함이 처음에도 믿음이 좋았지만, 인생의 말년으로 갈수록 그의 믿음이 더욱 굳건해졌음을 보여줍니다.

고향을 떠나는 순종

하나님은 아브라함이 75세 때 그를 부르셔서 그의 고향과 친척과 아버지의 집을 떠나 하나님이 그에게 알려주시는 곳으로 가라고 말씀하셨습니다.

> "야훼께서 아브람에게 이르시되 너는 너의 고향과 친척과 아버지의 집을 떠나 내가 네게 보여 줄 땅으로 가라 내가 너로 큰 민족을 이루고 네게 복을 주어 네 이름을 창대하게 하리니 너는 복이 될지라 너를 축복하는 자에게는 내가 복을 내리고 너를 저주하는 자에게는 내가 저주하리니 땅의 모든 족속이 너로 말미암아 복을 얻을 것이라 하신지라"(창 12:1-3)

당시 고향을 떠나는 것은 목숨을 건 위험한 일이었습니다. 언제 강도를 만나 재산을 빼앗길지 알 수 없었고 이방인에 대한 경계가 심해서 새로운 곳에 가서 정착하기도 힘들었기 때문입니다. 미래를 보장할 수 없는 여정이었음에도 아브라함은 하나님의 말씀을 믿고 순종하여 길을 떠났습니다.

사랑하는 아들도 아끼지 않는 순종

아브라함의 일생에 있어서 가장 큰 순종은 그가 120세쯤 되었을 때 이삭을 번제로 드리라는 하나님의 명령에 따른 것이었습니다.

> "그 일 후에 하나님이 아브라함을 시험하시려고 그를 부르시되 아브라함아 하시니 그가 이르되 내가 여기 있나이다 야훼께서 이르시되 네 아들 네 사랑하는 독자 이삭을 데리고 모리아 땅으로 가서 내가 네게 일러 준 한 산 거기서 그를 번제로 드리라"(창 22:1-2)

이삭은 아브라함이 100세에, 하나님이 그에게 자녀를 주시겠다고 약속하신 지 무려 25년 만에 얻은 귀한 아들이었습니다. 아브라함에게 이삭은 그 무엇과도 바꿀 수 없는 소중하고,

눈에 넣어도 아프지 않을 만큼 사랑스러운 존재였을 것입니다. 하나님도 이삭이 아브라함에게 어떤 존재인지를 아셨기에 "네 사랑하는 독자 이삭"이라고 표현하셨습니다. 그런데 하나님은 아브라함에게 이삭을 번제물로 바치라고 명령하신 것입니다.

우리 중 그 누구라도 하나님의 이 같은 명령을 듣는다면 순종하기 쉽지 않았을 것입니다. 그러나 아브라함은 하나님의 말씀에 전적으로 순종하여 이삭을 바치기로 결단했습니다. 그의 순종에는 망설임이 없었습니다. 그는 다음 날 아침 일찍 일어나 길을 떠났고 모리아 산에 올라가 제단 위에 이삭을 묶고 칼로 내리치려 했습니다. 그때 하나님이 그를 멈추게 하시면서 다음과 같이 말씀하셨습니다.

> "네가 네 아들 네 독자까지도 내게 아끼지 아니하였으니 내가 이제야 네가 하나님을 경외하는 줄을 아노라"(창 22:12)

아브라함은 하나님의 말씀에 순종하는 일에 있어서 그의 아들 이삭까지도 아끼지 않았습니다. 하나님은 아브라함의 전적인 순종을 기뻐하시고 그의 믿음을 인정해 주셨습니다. 그렇기에 그를 믿음의 조상으로, 또한 복의 근원으로 세워주신 것입니다.

우리도 아브라함처럼 전적으로 순종하는 믿음을 가져야 합니다. 하나님의 말씀을 들었을 때 이것저것 재지 말고, 핑계 대지도 말고, 그 말씀에 전적으로 순종함으로써 하나님께 믿음을 인정받고 복 받는 삶을 살게 되기를 바랍니다.

3. 예수님은 십자가에서 하나님의 뜻에 대한 전적인 순종의 본을 보이셨다

아브라함이 하나님의 말씀에 순종해 이삭을 제물로 드리려고 한 것은 예수님의 십자가 죽음에 대한 예표였습니다.

죽기까지 순종하시다

예수님은 인류를 구원하시기 위한 하나님의 뜻에 온전히 순종해 스스로 어린양이 되셔서 십자가에서 돌아가셨습니다.

"내가 하늘에서 내려온 것은 내 뜻을 행하려 함이 아니요 나를 보내신 이의 뜻을 행하려 함이니라 … 내 아버지의 뜻은 아들을 보고 믿는 자마다 영생을 얻는 이것이니 마지막 날에 내가 이를 다시 살리리라 하시니라"(요 6:38, 40)

"그는 근본 하나님의 본체시나 하나님과 동등됨을 취할 것으로 여기지 아니하시고 오히려 자기를 비워 종의 형체를 가지사 사람들과 같이 되셨고 사람의 모양으로 나타나사 자기를 낮추시고 죽기까지 복종하셨으니 곧 십자가에 죽으심이라 이러므로 하나님이 그를 지극히 높여 모든 이름 위에 뛰어난 이름을 주사 하늘에 있는 자들과 땅에 있는 자들과 땅 아래에 있는 자들로 모든 무릎을 예수의 이름에 꿇게 하시고"(빌 2:6-10)

하나님은 십자가에서 죽기까지 온전히 순종하신 예수님을 지극히 높여주셨습니다. 그래서 모든 피조물이 예수님을 경배하게 하시고 주(主)라 시인하게 하셨습니다. 우리도 예수님을 본받아 하나님께 온전히 순종해야 합니다. 내 뜻과 내 생각을 다 내려놓고 오직 하나님의 말씀을 따라가야 합니다. 하나님은 순종하는 자를 높이시고 그에게 복을 부어주실 것입니다.

이자까지 더해 주시는 복

19세기 영국에서 '설교의 황태자'라고 불렸던 찰스 스펄전 목사님과 '고아의 아버지'라고 불렸던 조지 뮬러 목사님은 동시대에 사역했습니다.

한번은 스펄전 목사님이 자신이 돌보는 보육원(고아원) 운영을 위해 300파운드를 모금한 적이 있습니다. 그런데 기도하던 중 그 돈을 모두 뮬러 목사님에게 주라는 하나님의 음성을 듣게 되었습니다. 스펄전 목사님은 그 돈이 자신에게도 꼭 필요한 상황이어서 "주님, 우리 고아들에게도 이 돈이 필요한데요."라고 기도했지만, 하나님은 여전히 뮬러 목사님에게 돈을 주라고 말씀하셨습니다. 이에 스펄전 목사님은 순종하는 마음으로 뮬러 목사님을 찾아갔습니다.

스펄전 목사님이 갔을 때 뮬러 목사님은 사무실에서 무릎을 꿇고 기도하는 중이었습니다. 스펄전 목사님이 뮬러 목사님에게 300파운드를 주자 뮬러 목사님은 깜짝 놀라며 "제가 300파운드가 필요해서 방금 하나님께 기도하던 중이었습니다."라고 말했습니다. 두 사람은 하나님의 일하심에 놀라워하며 크게 기뻐했습니다.

스펄전 목사님이 런던으로 돌아왔을 때 그의 책상 위에 편지 한 통이 놓여 있었습니다. 그리고 그 편지 봉투 안에는 315파운드의 헌금이 함께 들어 있었습니다. 스펄전 목사님이 하나님의 말씀에 순종하여 뮬러 목사님에게 300파운드를 줬더니, 하나님이 이자까지 더해서 315파운드로 갚아 주셨던 것입니다. 스펄전 목사님은 감사기도를 하면서 잠언 말씀을 떠올렸습니다.

> "가난한 자를 불쌍히 여기는 것은 야훼께 꾸어 드리는 것이니 그의 선행을 그에게 갚아 주시리라"(잠 19:17)

우리가 주변의 어려운 사람들을 돕는 것은 하나님께 빌려 드리는 것과 같습니다. 그래서 하나님은 우리가 베푼 선행을 기억하시고 그것에 더하여 넘치도록 은혜를 부어주십니다.

하나님께 드리는 전적인 순종은 우리를 복된 삶으로 인도합니다. 하나님이 순종하는 자에게 어떤 복을 주시는지 모세에게 하셨던 말씀에 주목하십시오.

"네가 네 하나님 야훼의 말씀을 삼가 듣고 내가 오늘 네게 명령하는 그의 모든 명령을 지켜 행하면 네 하나님 야훼께서 너를 세계 모든 민족 위에 뛰어나게 하실 것이라 네가 네 하나님 야훼의 말씀을 청종하면 이 모든 복이 네게 임하며 네게 이르리니"(신 28:1-2)

여기에서 "이 모든 복"은 신명기 28장 3절에서 14절까지에 자세하게 기록되어 있습니다. 그 내용을 요약하면 어느 곳에서 무엇을 하든지 범사에 복을 받아 넉넉히 누리게 되며, 모든 대적을 이기고 형통한 삶, 성공하는 삶을 살게 된다는 것입니다.

그러므로 믿음의 순종을 통해 하나님을 기쁘시게 하는 삶을 살아가십시오. 아브라함처럼 복의 근원이 되어 우리를 통해 하나님의 복이 온 세상에 전해지게 하십시오. 우리의 순종이 하나님의 영광을 드러내는 도구가 될 것입니다.

"하나님과의 바른 관계 속에서
하나님을 온전히 신뢰한다면
하나님의 말씀에 대한
우리의 반응은
오직 '아멘!'뿐입니다."

• 핵심요약 •

믿음은
순종이다

1. 믿음은 하나님과의 관계이다
- 의심은 불순종을 낳는다
- 올바른 하나님과의 관계를 통해 하나님께 인정받는 믿음의 사람이 되어라

2. 믿음은 하나님 말씀에 대한 전적인 순종이다
- 신앙의 기본을 지키라
- 하나님의 말씀을 전적으로 신뢰하고 그 말씀에 순종하라

3. 예수님은 십자가에서 하나님의 뜻에 대한 전적인 순종의 본을 보이셨다
- 죽기까지 순종하라
- 순종하는 자에게 하나님은 넘치는 복을 주신다

• 적용을 위한 질문 •

1. 마음에 의심이 생겨서 하나님의 말씀에 불순종했던 적이 있었나요? 왜 의심하게 되었는지 생각해 보고 그 원인을 적어보세요.

   ....
   ....
   ....
   ....
   ....

2. 하나님의 말씀에 순종함으로써 복을 받았던 경험이 있나요? 그 때 하나님께 받았던 축복은 무엇이었는지 적어보세요.

   ....
   ....
   ....
   ....
   ....

Chapter 6

믿음은 절대 긍정이다

"예수께서 이르시되
할 수 있거든이 무슨 말이냐
믿는 자에게는 능히 하지
못할 일이 없느니라 하시니"

마가복음 9장 23절

믿음은
절대 긍정이다

6

 믿음의 사람들은 언제나 긍정적인 생각을 하며 살아갑니다. 어떤 경우에도 부정적이고 파괴적인 생각은 하나님의 뜻이 아닙니다. 성경을 보면 하나님은 단 한 번도 부정적인 사람과 일하지 않으셨습니다. 그러므로 우리는 하나님을 기쁘시게 하는 믿음의 삶을 살기 위해 절대 긍정의 신앙을 가져야 합니다.

1. 믿음은 마음의 결단이다

 우리의 마음은 부정적인 생각과 긍정적인 생각이 서로 싸우는 전쟁터와 같습니다. 그래서 성경은 모든 지킬만한 것보다 생명의 근원인 마음을 지키라고 말씀합니다.

"모든 지킬 만한 것 중에 더욱 네 마음을 지키라 생명의 근원이 이에서 남이니라"(잠 4:23)

마음을 지키려면 먼저 인간의 세 가지 심적 요소인 '지(知), 정(情), 의(意)'를 알아야 합니다. '지'는 깨닫고 분별하는 것, 지식이나 지혜를 얻고 성찰하는 능력을 말합니다. '정'은 느낌, 인간이 느끼는 희노애락과 같은 여러 가지 감정을 가리킵니다. '의'는 의지, 결단하고 실천하는 능력입니다.

결국 마음을 지키기 위해서는 하나님 앞에서 우리의 생각과 감정과 의지를 다스려야 합니다. 다시 말해서 날마다 하나님의 말씀을 읽고 묵상하여 하나님이 주시는 지식과 지혜를 얻으며, 기도하는 가운데 성령님이 주시는 은혜 안에서 우리의 감정을 잘 다스리고, 믿음으로 선택하고 결정하는 의지를 가지고 적극적으로 행동해야 합니다.

만약 우리 마음이 수시로 변하고 불안정하다면 그것은 우리가 이 세 가지 요소를 올바르게 지키지 못하고 있다는 증거입니다. 특히, 이는 우리의 우유부단한 태도에서 비롯되는 경우가 많습니다. 매사에 어떤 결단도 내리지 못한 채 우물쭈물

망설이며 책임감 있게 행동하지 않는 사람에겐 어떤 긍정적인 변화도 일어나지 않을 것입니다. 또한, 생각만 하고 그 생각을 행동으로 옮기지 못하는 사람이 있습니다. 그런 사람들은 다이어트, 공부, 운동, 금주, 금연 등 여러 가지 결심을 하더라도 작심삼일로 끝날 수밖에 없을 것입니다.

신앙생활도 그렇습니다. 매번 신년이 되면 많은 성도가 하나님의 뜻대로 살기 위해서 크고 작은 여러 가지 결심을 합니다. 말씀과 기도에 힘쓰자, 무슨 일에나 감사하며 살자, 말씀을 묵상하고 실천하는 삶을 살자 등 새로운 각오를 다지지만, 한 달 두 달 지나가면서 언제 그런 결심을 했냐는 듯이 다시 이전 모습으로 돌아가는 경우가 많습니다. 이처럼 신앙생활을 아무리 오래 해도 결단하고 실천하지 못한다면 우리 신앙은 조금도 자라지 못한 채 평생 제자리걸음만 하게 될 것입니다.

반면에 성공하는 사람들은 과감하게 결단을 내리고 즉시 실천합니다. 그들은 한 번 정한 뜻을 중도에 포기하지 않고 끝까지 인내하며 추진합니다. 과정 중에 실패하더라도 경험이나 성공으로 가는 디딤돌이라고 여깁니다. 우리는 결단하고 실천하는 믿음을 얻기 위해 이러한 사람들을 주의 깊게 살펴보아야 합니다.

발명왕이라고 불리는 에디슨은 백열전구를 만들 때 수천 번이나 실패를 경험했다고 합니다. 그래도 포기하지 않고 계속 연구에 몰두하여 전구를 발명해냈습니다. 이후 어떤 기자가 에디슨에게 계속 실패했을 때 기분이 어땠는지 물어보았습니다. 그러자 에디슨은 이렇게 대답했습니다.

"실패라니요? 전 단 한 번도 실패한 적이 없습니다. 단지 2천여 번의 단계를 거쳐 전구를 발명했을 뿐입니다."

비행기를 발명한 라이트 형제도 805번이나 실패했습니다. 하지만 그들 역시 실패를 두려워하거나 포기하지 않았습니다. 도전하고 또 도전하여 결국 비행기를 만드는 데 성공했습니다. 이처럼 우리는 하나님 안에서 목표를 이루기로 결단했으면 그것이 이루어질 때까지 도전하여 반드시 성취하겠다는 긍정적인 생각과 자세를 가져야 합니다.

저의 형님이신 이영범 장로님도 한번 결심하면 최선을 다하여 무슨 일이든 끝까지 밀고 나가는 사람입니다.

형님은 서울대학교 공대를 졸업하고 일찍 미국 뉴저지로 이민가서 미국 두산중공업 지부의 중역으로 일했습니다. 이 과정에서 그 지역 내 한 작은 장로교 한인교회를 다니게 되었습니다. 어느 날 교회에서 갈등이 생겼습니다. 보통 이민교회에서 갈등이 일어나면 쉽게 해결되지 않아서 담임목사님까지 사임하는 경우가 흔합니다. 그렇게 되면 그 결정에 반대하던 무리가 한꺼번에 교회를 나가는 등 어려운 문제가 연이어 발생하기도 합니다.

형님이 출석하던 교회도 마찬가지였습니다. 성도들이 편을 나누어 갈등을 일으키다가 반대편 성도들이 교회를 떠난 것입니다. 그때 형님도 함께 교회를 나가자는 제안을 받았습니다. 그러나 형님은 그들의 말에 흔들리지 않고, 장로는 교회를 지키는 사명이 있으므로 교회를 여기저기 옮겨 다니는 것은 바람직하지 않다고 하며 그들의 제안을 거절했습니다.

사실 순복음교회 출신이었던 형님에게 박수와 통성기도가 없는 장로교회의 예배 분위기는 어색하기만 했을 것입니다. 하지만 형님은 몇 번이나 교회를 옮겨야 할 상황에서도 끝까지 교회를 지켰습니다. 그러자 형님의 그러한 모습을 지켜

보던 담임목사님에게 큰 변화가 일어났습니다. 교회에 문제가 생길 때마다 담임목사님이 먼저 힘차게 손뼉을 치면서 찬송을 부르고 성도들에게도 통성기도를 하자고 격려하는 등 교회 분위기가 순복음교회처럼 열정적인 분위기로 바뀐 것입니다.

형님은 지금도 여전히 그 교회에서 충성스러운 일꾼으로 봉사하고 있습니다. 교회에 어려운 일이 생기면 문제 해결에 앞장섭니다. 작은 교회라서 담임목사님 외에는 부교역자가 없는데, 담임목사님이 총회나 심방 등 어쩔 수 없는 사정으로 교회를 비우게 되면 형님에게 교회를 맡길 정도로 신임받는 충성스러운 일꾼이 되었습니다.

우리는 하나님 앞에서 절대 긍정의 마음으로 믿음의 삶을 살겠다고 결단해야 합니다. 어떤 상황에도 마음을 지키고 결심한 바를 실천해 나간다면 하나님의 놀라운 기적과 축복이 우리 모두에게 임하게 될 것입니다.

2. 믿는 자에게는 불가능이 없다

성경에는 사람의 힘으로 할 수 없는 놀라운 기적이 많이 나옵니다. 이러한 기적은 전능하신 하나님이 홀로 행하신 것입니다. 우리가 하나님의 말씀을 믿고 순종한다면 오늘도 하나님은 우리를 통해 기적을 행하실 것입니다.

믿는 자의 능력

"예수께서 이르시되 할 수 있거든이 무슨 말이냐 믿는 자에게는 능히 하지 못할 일이 없느니라 하시니"(막 9:23)

서대문 순복음중앙교회 시절, 강대상 옆에 마가복음 9장 23절 말씀이 크게 걸려있었습니다. "믿는 자에게는 능히 하지 못할 일이 없느니라" 우리가 하나님의 말씀을 절대적으로 믿고 긍정적으로 말하면 기적이 일어나고 문제가 해결되는 것입니다. 믿는 사람에게는 어떤 문제도 문제가 되지 않습니다. 전능하신 하나님이 함께하시며 은혜를 베풀어 주시기 때문입니다.

믿음의 원천

"내게 능력 주시는 자 안에서 내가 모든 것을 할 수 있느니라"(빌 4:13)

기적을 일으키는 믿음을 갖기 위해서는 능력을 주시는 예수님 안에 있어야 합니다. 믿음의 주체가 예수님이시기 때문에 예수님을 믿는 믿음 안에서 불가능이 가능이 되고, 문제가 해결되고, 병이 치료되는 놀라운 기적이 일어납니다. 이런 믿음을 가지고 살아가는 사람은 모든 일을 긍정적으로 생각하는 사람입니다. 좋은 일은 좋아서 좋고, 지금 당장은 안 좋게 보이는 일도 결국 합력하여 선으로 이루어질 것이기 때문입니다.

"우리가 알거니와 하나님을 사랑하는 자 곧 그의 뜻대로 부르심을 입은 자들에게는 모든 것이 합력하여 선을 이루느니라"(롬 8:28)

절대 긍정의 믿음은 성공을 위한 법칙이나 자기 암시가 아닙니다. 믿음은 철저히 하나님의 말씀에서 시작됩니다. 우리가 믿음의 원천이신 하나님을 믿고 의지하면 어떤 문제도, 어떤 사람도 하나님 안에서 변화될 수 있습니다.

순종하는 마음

또한, 믿음이 우리 삶에 역사하기 위해서는 말씀에 순종하는 마음이 필요합니다. 아람의 군대 장관 나아만은 머리로는 이해되지 않아도 순종하는 믿음을 통해 기적을 체험했습니다.

아람 사람들은 많은 전쟁을 승리로 이끈 그를 크고 존귀한 사람으로 여겼습니다. 하지만 승승장구하던 그에게도 큰 시련이 다가왔습니다. 한센병(나병)에 걸린 것입니다.

병으로 고통당하던 중에 그는 한 여종으로부터 "사마리아에 사는 선지자를 만나면 병에서 놓여남을 받을 수 있습니다."라는 말을 들었습니다. 이에 그는 지푸라기라도 잡는 심정으로 일행들과 함께 엘리사 선지자의 집을 찾았습니다. 하지만 엘리사 선지자는 그를 만나주지도 않았습니다. 대신에 자신의 종이었던 게하시를 보내어 "요단강으로 가서 일곱 번 씻으시오. 그러면 당신의 피부가 고침을 받아 깨끗해질 것이오."라고 말했습니다.

나아만 장군은 이 말을 듣고 매우 화가 났습니다. 자기가 도착하면 엘리사가 나와서 환대해 주고 하나님의 이름을 부르면서 병든 곳에 손을 얹고 간절히 기도해 줄 것으로 기대했기 때문입니다. 게다가 아람에는 요단강보다 훨씬 더 크고 좋은 강들이 있었습니다. 그는 몸을 씻어서 나을 병이었다면 차라리 아람에 있는 강에서 씻는 게 낫겠다고 생각하면서 발길을 돌렸습니다.

그때 곁에 있던 종들이 그에게 "만약 선지자가 이것보다 더 큰 일을 하라고 했더라도 그대로 하지 않았겠습니까? 하물며 기껏해야 몸을 씻으라는 것뿐인데 그 정도도 못하시겠습니까?"라고 말했습니다. 종들의 말이 옳다고 생각한 그는 엘리사의 말에 순종하여 요단강에 가서 몸을 일곱 번 씻었습니다.

> "나아만이 이에 내려가서 하나님의 사람의 말대로 요단 강에 일곱 번 몸을 잠그니 그의 살이 어린 아이의 살 같이 회복되어 깨끗하게 되었더라"(왕하 5:14)

그러자 그의 살이 어린아이 살결처럼 깨끗해지면서 거짓말처럼 병이 깨끗하게 치료되었습니다. 나아만 장군과 같이 하나님의 말씀을 듣고 결단하고 순종하면 놀라운 기적이 일어납니다.

기적은 오늘 우리에게도 여전히 유효합니다. 예수님은 어제나 오늘이나 영원토록 동일하시기 때문입니다.

"예수 그리스도는 어제나 오늘이나 영원토록 동일하시니라"(히 13:8)

3. 절대 긍정의 기초는 예수님의 십자가이다

절대 긍정의 기초는 예수님의 십자가입니다. 예수님의 십자가를 바라볼 때 우리는 확실한 근거를 가지고 흔들리지 않는 절대 긍정의 신앙을 가질 수 있습니다.

예수님은 십자가에서 고난을 당하신 후에 "다 이루었다"라고 말씀하시고 숨을 거두셨습니다.

"예수께서 신 포도주를 받으신 후에 이르시되 다 이루었다 하시고 머리를 숙이니 영혼이 떠나가시니라"(요 19:30)

"다 이루었다"라는 말씀은 죄로 인해 다가온 우리의 모든 저주를 예수님이 다 청산하셨다는 의미입니다. 우리는 아담과 하와가 범죄함으로 말미암아 하나님과 단절돼 버린 영혼의 저주, 가시와 엉겅퀴 가운데 살 수밖에 없게 된 환경의 저주, 질병과 고통을 짊어진 채 다시 흙으로 돌아갈 수밖에 없게 된 육신의 저주에 놓인 처지가 되었습니다. 그러나 예수님의 십자가로 인해 죄악 가운데 죽게 된 우리의 영혼이 다시 살아나는 축복, 범사가 잘되는 형통의 축복, 그리고 병든 육신이 건강하게 회복되는 축복을 누리게 된 것입니다.

"사랑하는 자여 네 영혼이 잘됨 같이 네가 범사에 잘되고 강건하기를 내가 간구하노라"(요삼 1:2)

삼중축복은 우리가 예수님을 구주로 영접할 때 이미 우리에게 주어진 것입니다. 우리는 날마다 모든 죄와 저주를 담당해 주신 예수님의 십자가를 믿음으로 바라보며 영혼이 잘됨 같이 범사가 잘되고 육체가 강건해지는 삼중축복을 우리의 삶에서 누려야 합니다.

가난은 하나님의 뜻이 절대 아닙니다. 성경은 부요하신 예수님이 가난한 우리를 부요하게 하려고 우리를 대신하여 가난을 짊어지셨다고 분명하게 말씀합니다.

"우리 주 예수 그리스도의 은혜를 너희가 알거니와 부요하신 이로서 너희를 위하여 가난하게 되심은 그의 가난함으로 말미암아 너희를 부요하게 하려 하심이라"(고후 8:9)

우리는 예수님의 십자가를 통해 절대 긍정의 믿음으로 하나님이 우리에게 주신 축복을 받아 누려야 합니다. 그래서 받은 축복을 다른 사람에게 베풀고 나누면서 선한 영향력을 끼치는 사람이 되어야 합니다.

질병 또한 하나님의 뜻이 아닙니다. 성경은 예수님이 우리의 질병을 치료해 주시기 위해 채찍에 맞으셨다고 말씀합니다.

"그가 찔림은 우리의 허물 때문이요 그가 상함은 우리의 죄악 때문이라 그가 징계를 받으므로 우리는 평화를 누리고 그가 채찍에 맞으므로 우리는 나음을 받았도다"(사 53:5)

"친히 나무에 달려 그 몸으로 우리 죄를 담당하셨으니 이는 우리로 죄에 대하여 죽고 의에 대하여 살게 하심이라 그가

채찍에 맞음으로 너희는 나음을 얻었나니"(벧전 2:24)

하나님은 우리가 건강하게 살기를 간절히 원하십니다. 자녀가 아프길 원하는 아버지가 어디 있겠습니까? 몸이 건강해야 열심히 일도 하고 주님을 위해 헌신할 수 있습니다. 그래서 예수님은 공생애 동안 가는 곳마다 병들고 약한 사람들을 고치시며 죽은 자를 살리는 기적을 베풀어 주셨습니다.

날마다 예수님의 십자가를 바라보며 굳건한 믿음을 가지시기 바랍니다. 이 세상 누구도 흔들 수 없는 절대 긍정의 믿음을 가지고 믿고 바라는 바를 담대히 선포하면 하나님이 역사하시는 놀라운 일들이 우리 눈앞에 펼쳐지게 될 것입니다.

> "오직 믿음으로 구하고 조금도 의심하지 말라 의심하는 자는 마치 바람에 밀려 요동하는 바다 물결 같으니 이런 사람은 무엇이든지 주께 얻기를 생각하지 말라 두 마음을 품어 모든 일에 정함이 없는 자로다"(약 1:6-8)

하나님은 절대 긍정의 하나님이십니다. 지금 삶에서 겪고 있는 어려움이 이해되지 않아도 반드시 가장 좋은 때에 모든 것을 선으로 만들어 주실 하나님을 바라보십시오. 하나님 안에서 절대 긍정의 믿음의 사람에게는 고난이 축복으로, 슬픔이 기쁨으로, 절망이 희망으로 변화됩니다. 믿음의 결단과 순종을 통해 불가능을 가능으로 바꾸시는 하나님의 기적과 축복을 누리며 살아가시기를 소망합니다.

• 핵심요약 •

믿음은
절대 긍정이다

1. 믿음은 마음의 결단이다
- 지킬 만한 것 중에 마음을 지키라
- 절대 긍정의 삶을 살겠다고 결단하라

2. 믿는 자에게는 불가능이 없다
- 말씀이 믿음의 원천이다
- 말씀에 순종하면 기적이 일어난다

3. 절대 긍정의 기초는 예수님의 십자가이다
- 예수님이 십자가에서 다 이루셨다
- 절대 긍정의 믿음을 가지라

• 적용을 위한 질문 •

1. 나는 긍정적인 자세로 살아가고 있나요? 모든 상황에서 절대 긍정의 믿음을 갖기 위해 내가 할 수 있는 일을 적어보세요.

   ....
   ....
   ....
   ....

2. 말씀에 순종하기 위해 어떤 노력을 하고 있나요? 앞으로 내가 순종해야 할 부분이 있다면 무엇인가요?

   ....
   ....
   ....
   ....

Chapter 7

성령님은 누구신가?

"땅이 혼돈하고 공허하며
흑암이 깊음 위에 있고
하나님의 영은 수면 위에 운행하시니라"

창세기 1장 2절

"만일 너희 속에 하나님의 영이 거하시면
너희가 육신에 있지 아니하고 영에 있나니
누구든지 그리스도의 영이 없으면
그리스도의 사람이 아니라"

로마서 8장 9절

성령님은 누구신가?

7

영산 조용기 목사님은 63년간 목회하시면서 한국을 넘어 전 세계 교회에 큰 영향을 끼치신 분이었습니다. 이러한 조용기 목사님의 목회 사역을 뒷받침하는 두 기둥은 바로 성령충만과 믿음의 역사입니다. 성령충만은 우리가 능력 있는 복음의 증인으로 살아갈 수 있도록 위로부터 하나님이 부어주시는 은혜이고, 믿음의 역사는 우리가 하나님을 신뢰하며 하나님이 주신 사명을 이루어 나가는 일입니다. 따라서 성령충만과 믿음의 역사는 떼려야 뗄 수 없는 관계에 있습니다.

우리는 예수님을 구주로 영접하고 난 후 반드시 성령충만을 받아야 합니다. 성령으로 충만한 사람만이 죄악이 가득한 이 세상에서 하나님의 자녀로서 승리하는 삶을 살 수 있고, 믿음의 역사에 쓰임 받을 수 있습니다. 이를 위해서는 먼저 성령님이 어떤 분이신지를 알아야 합니다.

1. 성령님은 하나님이시다

하나님은 전지전능하시고 무소부재하시며 영원한 분이십니다. 그런데 성령님도 하나님과 똑같은 이러한 속성을 갖고 계십니다. 성령님은 본질에 있어서 하나님과 동일하시며, 그 권능과 영광에 있어서도 하나님과 동등하십니다.

사도행전 5장에 기록된 아나니아와 삽비라의 사건을 보면 성령님이 곧 하나님이시라는 사실을 분명히 알 수 있습니다.

오순절 성령 강림 이후 예루살렘에 교회가 세워지고 큰 부흥이 일어났습니다. 사도들의 설교를 듣고 수천 명이 예수님을 영접하고 침례를 받았으며, 많은 표적과 기사가 나타났고, 온 성도가 한마음이 되어 자기 재물을 가져다가 가난한 사람들에게 나눠주었습니다. 그런데 아나니아와 그의 부인 삽비라는 재산을 판 후에 일부를 감추고, 남은 재산을 전 재산인 것처럼 속여서 사도들 앞에 두었습니다. 그러자 베드로는 아나니아에게 다음과 같이 말했습니다.

> "베드로가 이르되 아나니아야 어찌하여 사탄이 네 마음에 가득하여 네가 성령을 속이고 땅 값 얼마를 감추었느냐 땅이 그대로 있을 때에는 네 땅이 아니며 판 후에도 네 마음대로 할 수가 없더냐 어찌하여 이 일을 네 마음에 두었느냐 사람에게 거짓말한 것이 아니요 하나님께로다"(행 5:3-4)

성령님을 속이고 땅을 판 값을 감춘 일은 하나님께 거짓말을 한 일과 같다는 것입니다. 이 일로 아나니아와 삽비라는 하나님의 심판을 받아 죽음에 이르게 됩니다. 이 사건을 통해 우리는 성령님이 하나님이시라는 사실을 깨달을 수 있습니다.

2. 성령님은 하나님의 영, 예수님의 영이시다

성령님은 성부 하나님의 영이신 동시에 성자 예수님의 영이십니다. 그런데 구약성경에서는 주로 하나님의 영으로, 신약성경에서는 하나님의 영뿐 아니라 예수님의 영으로 역사하시는 내용이 기록되어 있습니다.

하나님의 영

태초에 하나님이 온 우주 만물을 창조하실 때 하나님의 영이신 성령님도 창조 사역에 동참하셨습니다.

"땅이 혼돈하고 공허하며 흑암이 깊음 위에 있고 하나님의 영은 수면 위에 운행하시니라"(창 1:2)

흑암이 가득하고 혼돈과 공허 속에 있던 땅이 성령의 역사로 질서와 조화를 갖추게 되었습니다. 또한 하나님은 자기 형상대로 사람을 창조하셨는데, 성경은 그 과정을 이렇게 설명합니다. "야훼 하나님이 땅의 흙으로 사람을 지으시고 생기를 그 코에 불어넣으시니 사람이 생령이 되니라(창 2:7)". 여기서 생기는 하나님의 숨, 하나님의 영이신 성령님을 의미합니다. 그렇기에 사람은 성령의 역사를 통해 하나님과 같은 영적 존재로 지어진 것입니다.

성령님은 우주 만물과 사람을 창조하셨을 뿐만 아니라 시시때때로 하나님의 사람들에게 임하셔서 그들을 통해 하나님의 일을 이루셨습니다. 예를 들어 하나님의 영이신 성령님은 브살렐과 오홀리압에게 임하셔서 성막을 비롯한 모든 기구를 제작하게 하셨고(출 31:1-6), 이스라엘의 사사들에게 임하셔서 그들을 통해 위기에 빠진 이스라엘을 구원하셨습니다(삿 3:10, 6:34, 11:29).

또한 이스라엘의 왕이었던 사울과 다윗에게도 하나님의 영이신 성령님이 임하셔서 하나님의 뜻을 따라 백성을 통치하게 하셨습니다. 그러나 사울이 하나님의 말씀에 불순종하자 하나님의 영이 그에게서 떠나시고 악령이 그를 괴롭혔습니다(삼상 16:14). 다윗은 사울이 악령에 시달리는 모습을 곁에서 지켜봤습니다. 그래서 그는 하나님 앞에 죄를 범했을 때 하나님이 자신에게서 성령님을 거두어 가실까 봐 두려워하며 다음과 같이 기도했습니다.

"내가 주의 영을 떠나 어디로 가며 주의 앞에서 어디로 피하리이까 내가 하늘에 올라갈지라도 거기 계시며 스올에 내 자리를 펼지라도 거기 계시니이다"(시 139:7-8)

"나를 주 앞에서 쫓아내지 마시며 주의 성령을 내게서 거두지 마소서"(시 51:11)

크리스천에게 가장 큰 위기는 성령님이 떠나시는 것입니다. 성령님이 우리와 함께하시지 않는다면 우리는 아무것도 아닙니다. 다윗이 이스라엘의 위대한 왕이 될 수 있었던 것도 성령님이 그와 함께하셨기 때문입니다. 우리도 성령님과 동행할 때 하나님의 일을 위해 귀하게 쓰임 받고 날마다 승리의 삶을 살아갈 수 있습니다.

예수님의 영

신약성경에는 예수님의 영, 그리스도의 영으로 활동하신 성령님의 사역이 기록되어 있습니다.

> "이는 그리스도 예수 안에 있는 생명의 성령의 법이 죄와 사망의 법에서 너를 해방하였음이라 … 만일 너희 속에 하나님의 영이 거하시면 너희가 육신에 있지 아니하고 영에 있나니 누구든지 그리스도의 영이 없으면 그리스도의 사람이 아니라"(롬 8:2, 9)

아담의 타락 이후 인간은 죄와 저주에 사로잡혀 사망의 길로 갈 수밖에 없는 존재가 되었습니다. 여기에 그 누구도 예외는 없습니다. 그러나 우리가 예수 그리스도를 구주로 영접하면 그리스도의 영이신 성령님이 우리에게 임하셔서 죄와 사망의 굴레에서 우리를 해방해 주십니다. 그래서 신약성경을 보면 하나님의 일을 위해 부르심을 받은 사람들은 모두 성령님께 사로잡혀서 성령님의 인도하심을 받아 쓰임 받았음을 알 수 있습니다.

사도 바울은 본래 예수님을 믿는 자들을 박해하는 일에 앞장섰던 사람이었습니다. 초대교회의 일꾼이었던 스데반이 돌에 맞아 죽었을 때는 그의 죽음을 마땅히 여기며 증인의 역할까지 맡았습니다(행 7:58). 그러나 다메섹 도상에서 예수님을 만난 후 바울의 삶은 완전히 달라졌습니다. 바울은 완전히 성령님께 사로잡혀서 하나님이 그에게 주신 사명, 곧 그리스도의 복음을 전하는 일에 헌신했습니다.

바울이 복음을 전하는 데 가장 중요한 원칙으로 삼은 것은 성령님의 인도하심이었습니다. 그는 성령님이 인도하시는 곳으로 가서 성령님이 인도하시는 대로 복음을 전했습니다. 한 번은 그가 복음을 전하기 위해 소아시아로 가려고 했을 때 성령님이 그의 발걸음을 막으셨습니다.

"무시아 앞에 이르러 비두니아로 가고자 애쓰되 예수의 영이 허

락하지 아니하시는지라"(행 16:7)

대신에 성령님은 환상을 통해 바울이 가야 할 다른 길을 보여주셨습니다. 바울은 한 마게도냐 사람이 그의 앞에 서서 "마게도냐로 건너와 우리를 도와주십시오."라고 요청하는 환상을 본 후 소아시아로 가려고 했던 본래 계획을 버렸습니다. 그리고 성령님의 인도하심을 따라 마게도냐, 즉 오늘날 유럽으로 건너가서 복음을 전했습니다. 예수님의 영이신 성령님이 바울을 이끄셔서 유럽 복음화의 초석을 놓게 하신 것입니다.

3. 성령님은 지·정·의를 가진 신성한 인격체이시다

성령님을 어떤 힘이나 능력으로 오해하는 사람들이 종종 있습니다. 그러나 성령님은 하나님과 동일하게 지(知), 정(情), 의(意), 즉 지성과 감정과 의지를 지니신 신성한 인격체이시고, 우리와 인격적인 교제를 나누기를 원하십니다.

영산 조용기 목사님의 목회 사역의 전환점이 바로 성령님을 인격체로 인식하게 된 일입니다. 어느 날 하나님이 조용기 목사님에게 "너는 왜 성령님과 교제하지 않느냐?"라고 물으셨습니다. 이 질문에 조용기 목사님은 큰 깨달음을 얻었습니다. 그때부터 조용기 목사님은 성령님과 인격적인 교제를 했습니다. 어느 곳에 가든지 성령님을 인정하고 환영하며 모셔 들이며 성령님과 함께했습니다. 늘 "The Holy Spirit, let's go! 성령님, 함께 갑시다!"라고 성령님과 대화를 나누며 목회 선배로서 자신을 이끌어 가는 분으로 성령님을 모셔 들였습니다.

우리도 매일 성령님과 교제해야 합니다. 아침에 일어나자마자 이렇게 기도하며 성령님과 교제하기를 바랍니다. "성령님, 나에게 새로운 날을 허락해 주셔서 감사합니다. 성령님, 오늘 나와 함께해 주세요. 나를 다스려 주세요. 내 생각과 입술과 행동을 주장해 주셔서, 오늘 하루도 나를 통해 하나님의 영광이 나타나게 하옵소서!"

우리가 성령님과 교제할 때 성령님이 우리의 삶 가운데 역사하셔서 놀라운 일을 행하십니다. 그리고 성령님이 행하시는 일들은 모두 성령님의 인격과 밀접한 관련을 갖습니다.

지성을 지니신 성령님

성령님은 지성을 지니신 분으로 하나님의 뜻을 계시하시고 가르치십니다. 무엇보다 성령님은 성경의 저자들에게 임하셔서 성경을 기록하게 하셨습니다.

"모든 성경은 하나님의 감동으로 된 것으로 교훈과 책망과 바르게 함과 의로 교육하기에 유익하니"(딤후 3:16)

그렇기에 우리는 성경을 읽을 때 기도를 통해 성령님과 교제하며 읽어야 합니다. "하나님 아버지, 성경의 저자이신 성령님을 통해 하나님의 말씀을 깨닫게 하옵소서!"라고 기도하면 지성을 지니신 성령님이 우리에게 말씀을 가르쳐 주시고 그 안에 담긴 참뜻을 깨닫게 해주실 것입니다.

성령님의 의지대로

성령님은 자신의 의지로 우리에게 각양의 은사와 능력을 주셔서 예수 그리스도를 증거하게 하십니다.

"내가 아버지께로부터 너희에게 보낼 보혜사 곧 아버지께로부터 나오시는 진리의 성령이 오실 때에 그가 나를 증언하실 것이

요"(요 15:26)

성령님 자신이 예수님을 증언하는 분이시기에, 우리가 성령충만을 받으면 만방에 예수님을 전하는 복음의 증인으로 변하게 됩니다. 즉, 우리가 지금까지 예수님을 한 번도 전하지 못했다면 성령충만한 삶을 살고 있지 않은 것과 같습니다.

저의 어머니 김선실 목사님은 본래 목회자의 딸로 태어나 신실하게 신앙생활을 했지만, 순복음교회에서 성령충만을 받기 전까지 한 번도 복음을 전한 기억이 없다고 말씀하셨습니다. 그런데 순복음교회에서 성령충만을 받은 이후에는 예수님이 주신 은혜로 충만해져서 어느 곳을 가든지 예수님을 전하는 복음의 증인이 되셨습니다.

슈퍼마켓에 식료품을 사러 가서는 주인에게 복음을 전하셨고, 병원에 입원하셨을 때는 병원에 있는 모든 간호사에게 복음을 전하셨습니다. 심지어 비행기에서는 제가 만류할 만큼 열정적으로 승무원들에게 복음을 전하신 일도 기억이 납니다.

"오직 성령이 너희에게 임하시면 너희가 권능을 받고 예루살렘과 온 유대와 사마리아와 땅 끝까지 이르러 내 증인이 되리라 하시니라"(행 1:8)라는 말씀처럼, 성령충만하면 예수님을 전할 수밖에 없습니다. 성령님은 자신의 의지대로 예수님을 전하는 사역을 하시는 분이기 때문입니다.

감정을 갖고 계신 성령님

성령님은 지성과 의지뿐만 아니라 감정을 갖고 계십니다. 성령님은 기뻐하시고 슬퍼하십니다. 연약한 우리를 불쌍히 여기시며 우리를 위해 탄식하시며 기도하십니다.

> "이와 같이 성령도 우리의 연약함을 도우시나니 우리는 마땅히 기도할 바를 알지 못하나 오직 성령이 말할 수 없는 탄식으로 우리를 위하여 친히 간구하시느니라"(롬 8:26)

또한 성령님은 감정을 갖고 계신 분이기에 우리가 죄를 범하고 그릇된 길로 가면 속을 태우며 걱정하십니다. 그렇기에 사도 바울은 성령님을 근심하게 하지 말라고 권면합니다.

> "하나님의 성령을 근심하게 하지 말라 그 안에서 너희가 구원의 날까지 인치심을 받았느니라"(엡 4:30)

아무리 가까운 친구라도 대화하지 않는 날이 길어지면 관계가 소원해집니다. 마찬가지로 우리 마음 가운데 성령님이 내주하셔도 우리가 실제적인 삶 속에서 성령님과 교제하지 않으면 성령님과 멀어지게 됩니다.

그러나 지·정·의를 지니신 성령님과 인격적인 교제를 나누며 내가 가진 모든 생각과 마음을 나누면 우리가 잘못된 길로 가지 않습니다. 실패하거나 실수하지 않습니다. 성령님의 인도하심을 따라 하나님이 기뻐하시는 성공적인 삶을 살아갈 수 있게 됩니다.

오늘 우리는 성령님과 친밀한 교제를 나누고 있나요? 성령님의 인도하심을 따라 살아가고 있나요? 혹시 성령님과 멀어지진 않았나요? 지금 바로 성령님을 인정하고, 환영하고, 모셔들이기를 바랍니다.

• 핵심요약 •

성령님은 누구신가?

1. 성령님은 하나님이시다
- 성령님은 하나님과 똑같은 속성을 갖고 계신다
- 성령님을 속이는 것은 하나님을 속이는 것이다

2. 성령님은 하나님의 영, 예수님의 영이시다
- 성령님은 구약에서 하나님의 영으로 역사하셨다
- 성령님은 신약에서 하나님의 영뿐 아니라 예수님의 영으로도 역사하셨다

3. 성령님은 지·정·의를 가진 신성한 인격체이시다
- 성령님은 말씀을 가르치고 그 뜻을 깨닫게 하신다
- 성령님은 자신의 의지로 은사와 능력을 주신다
- 성령님은 기뻐하시고 슬퍼하시며 탄식하신다
- 성령님과 인격적인 교제를 나눠라

• 적용을 위한 질문 •

1. 성령님이 지·정·의를 가지신 분임을 경험한 적이 있나요? 어떤 상황에서 성령님의 지성, 의지, 혹은 감정을 느끼게 되었나요?

　

2. 성령님과 인격적인 교제를 나누고 있나요? 성령님과의 인격적인 교제를 나누고 친밀한 관계를 맺기 위해 내가 해야 할 일을 적어보세요.

Chapter 8

중생, 성령침례, 성령충만

"예수께서 대답하시되
진실로 진실로 네게 이르노니
사람이 물과 성령으로 나지 아니하면
하나님의 나라에 들어갈 수 없느니라"
요한복음 3장 5절

"오순절 날이 이미 이르매
그들이 다같이 한 곳에 모였더니 홀연히 하늘로부터
급하고 강한 바람 같은 소리가 있어
그들이 앉은 온 집에 가득하며
마치 불의 혀처럼 갈라지는 것들이 그들에게 보여
각 사람 위에 하나씩 임하여 있더니
그들이 다 성령의 충만함을 받고
성령이 말하게 하심을 따라
다른 언어들로 말하기를 시작하니라"
사도행전 2장 1-4절

중생, 성령침례,
성령충만

8

누구든지 예수님을 믿으면 구원받고 거듭나게 됩니다. 이것을 중생이라고 합니다. 이때부터 성령님이 우리 안에 들어와 거하시면서 우리를 하나님의 뜻대로 살아갈 수 있도록 도와주십니다.

오늘날 많은 크리스천이 중생의 단계에 머물고 있습니다. 하지만 중생만으로는 이 세상에서 능력 있는 신앙생활을 할 수 없습니다. 우리는 중생에 만족하지 말고 성령충만을 받아야 합니다. 그래야만 성령님이 주시는 능력으로 이 세상에서 날마다 죄와 싸워 이기며 믿음으로 승리하는 신앙생활을 할 수 있습니다.

1. 거듭나게(중생) 하시는 성령님

거듭남(중생)은 예수님과 니고데모의 대화에서 잘 나타납니다. 어느 날 한밤중에 유대인의 지도자요 바리새인이었던 니고데모가 예수님께 찾아왔습니다.

그때 예수님이 니고데모에게 사람이 거듭나야 하나님의 나라를 볼 수 있다고 말씀하셨습니다. 그는 이 말을 이해하지 못하고 예수님께 다시 어머니 뱃속에 들어갔다가 나와야 하는지 물어보았습니다. 그러자 예수님이 이렇게 대답하셨습니다.

> "예수께서 대답하시되 진실로 진실로 네게 이르노니 사람이 물과 성령으로 나지 아니하면 하나님의 나라에 들어갈 수 없느니라"(요 3:5)

예수님을 믿으면 우리의 육체가 아니라 영이 거듭납니다(요 3:6). 이때 성령님이 우리의 영을 거듭나게 해주십니다. 성령님이 도와주시지 않으면 우리는 예수님을 주라고 고백할 수도 없습니다(고전 12:3). 어떤 사람도 자신의 힘으로 구원받고 거듭날 수 없는 것입니다.

우리를 거듭나게 해주신 성령님은 우리 안에 들어와 거하십니다. 고린도전서 12장 13절은 예수님을 믿는 사람 안에 성령님이 거하신다는 것을 다음과 같이 설명합니다.

"우리가 유대인이나 헬라인이나 종이나 자유인이나 다 한 성령으로 침례를 받아 한 몸이 되었고 또 다 한 성령을 마시게 하셨느니라"(고전 12:13)

물을 마시면 물이 몸 안에 있듯이, 예수님을 믿으면 성령님이 믿는 사람 안에 들어와 거하십니다. 이렇게 성령님은 내주하시면서 믿는 사람들의 마음에 감동을 주시고, 양심을 통해 하나님의 뜻을 깨닫게 하셔서 하나님이 기뻐하는 삶을 살도록 역사하십니다.

2. 예수님이 분부하신 성령침례

예수님은 공생애 사역을 마치시고 승천하시기 전에 제자들에게 성령으로 침례를 받으라고 말씀하셨습니다. 이것은 믿을 때 우리 안에 들어와 계시는 성령님과 구별되는 것으로서 성령님의 임재로 충만함을 경험하는 것을 말합니다.

성령으로 침례를 받으라

제자들은 3년 반 동안이나 예수님과 동고동락하면서 예수님을 믿고 구세주로 고백했습니다. 예수님은 이런 제자들에게 복음을 전하러 가기 전에 먼저 아버지께서 약속하신 대로 성령침례를 받으라고 명령하셨습니다.

"사도와 함께 모이사 그들에게 분부하여 이르시되 예루살렘을 떠나지 말고 내게서 들은 바 아버지께서 약속하신 것을 기다리라 요한은 물로 침례를 베풀었으나 너희는 몇 날이 못되어 성령으로 침례를 받으리라 하셨느니라"(행 1:4-5)

제자들에게 성령침례를 받으라고 말씀하신 이유는 성령의 능력을 힘입어서 담대하고 능력 있는 복음의 증인이 되게 하기 위해서였습니다.

"오직 성령이 너희에게 임하시면 너희가 권능을 받고 예루살렘과 온 유대와 사마리아와 땅 끝까지 이르러 내 증인이 되리라 하시니라"(행 1:8)

예수님이 십자가를 지실 때 제자들은 자신들도 붙잡혀 죽게 될까 봐 두려워했습니다. 하지만 성령침례를 받자, 능력을 받고 위대한 복음의 증인이 되었습니다.

성령침례를 받으라고 분부하신 말씀은 말세를 살아가는 우리에게도 해당하는 말씀입니다. 우리도 초대교회 성도들과 같이 먼저 성령침례를 받아야 합니다. 성령침례를 받을 때 능력 있는 복음의 증인이 되어 이 세상을 변화시키는 위대한 하나님의 사람들로 쓰임 받을 수 있습니다.

3. 성령침례와 성령충만

성령침례와 성령충만을 어떻게 구분할까요? 성령침례는 성령충만을 받는 최초의 사건을 말합니다. 우리는 성령침례를 받고 계속 성령충만을 받아야 합니다.

그렇다면 우리는 성령침례를 받았는지 어떻게 알 수 있을까요? 사도행전에 보면 성령침례를 받았을 때 나타나는 대표적인 외적 현상이 방언이라는 것을 알 수 있습니다. 사도행전에서 성령님이 임하시는 장면은 다섯 번 나옵니다.

오순절 날에 임하신 성령님

첫 번째로, 오순절 날에 다락방에 모여 기도에 힘쓰는 성도들에게 성령님이 임하셨습니다. 예수님이 승천하신 후에 120여 명 정도 되는 사람들이 예수님의 말씀대로 성령침례를 받기 위해 다락방에 함께 모여 간절히 기도했습니다. 그 결과 오순절 날에 성령님이 임하셨습니다.

> "오순절 날이 이미 이르매 그들이 다같이 한 곳에 모였더니 홀연히 하늘로부터 급하고 강한 바람 같은 소리가 있어 그들이 앉은 온 집에 가득하며 마치 불의 혀처럼 갈라지는 것들이 그들에게 보여 각 사람 위에 하나씩 임하여 있더니 그들이 다 성령의 충만함을 받고 성령이 말하게 하심을 따라 다른 언어들로 말하기를 시작하니라"(행 2:1-4)

성령님이 강림하시자 하늘로부터 강한 바람 같은 소리가 들리고, 불의 혀처럼 갈라지는 형상이 각 사람 위에 보였습니다. 이어 모여 있던 사람들이 성령의 충만함을 받고 성령님이 말하게 하심을 따라 방언으로 말했습니다.

사마리아에 임하신 성령님

두 번째로, 사마리아에서 사도들이 사마리아인에게 안수하자 성령님이 임하셨습니다. 스데반이 순교한 후 초대교회에 핍박이 거세졌습니다. 이에 예루살렘에 있던 성도들은 사방으로 흩어져 복음을 전했습니다. 이때 빌립도 사마리아로 가서 복음을 전했습니다.

이 소식은 예루살렘에 있던 사도들에게도 전해졌습니다. 그래서 사도들이 사마리아에 가서 그들에게 안수하자 성령님이 임하셨습니다.

> "예루살렘에 있는 사도들이 사마리아도 하나님의 말씀을 받았다 함을 듣고 베드로와 요한을 보내매 그들이 내려가서 그들을 위하여 성령 받기를 기도하니 이는 아직 한 사람에게도 성령 내리신 일이 없고 오직 주 예수의 이름으로 침례만 받을 뿐이더라 이에 두 사도가 그들에게 안수하매 성령을 받는지라 시몬이 사도들의 안수로 성령 받는 것을 보고 돈을 드려 이르되 이 권능을 내게도 주어 누구든지 내가 안수하는 사람은 성령을 받게 하여 주소서 하니"(행 8:14-19)

그런데 위 본문에는 성령충만을 받았다고 할 뿐 방언을 말했다는 기록이 없습니다. 하지만 사람들에게 성령님이 임하시는 모습을 보고 시몬이 돈을 주어 이 권능을 사려고 한 것으로 보아 성령충만을 받을 때 어떤 현상이 나타났다는 것을 충분히 짐작할 수 있습니다.

앞서 사마리아인들이 복음을 듣고 믿었을 때 귀신이 떠나가고, 병든 사람들이 치료받았기 때문에 이런 것들은 성령충만을 받았을 때 나타나는 표적이라고 할 수 없습니다. 성경학자들은 당시 시몬이 본 것은 오순절 날 성령님이 임하셨을 때 나타났던 방언일 것이라고 말합니다.

사울에게 임하신 성령님

세 번째로, 아나니아가 사울에게 안수했을 때 성령님이 임하셨습니다. 사울은 예수님을 믿는 사람들을 체포하러 다메섹으로 가던 중에 빛 가운데 나타나신 예수님의 음성을 듣고 두 눈이 멀었습니다. 이후 아나니아가 사울에게 찾아가서 안수하자 그의 눈에서 비늘이 벗겨지고 성령님이 그에게 임하셨습니다.

"아나니아가 떠나 그 집에 들어가서 그에게 안수하여 이르되 형

제 사울아 주 곧 네가 오는 길에서 나타나셨던 예수께서 나를
보내어 너로 다시 보게 하시고 성령으로 충만하게 하신다 하니
즉시 사울의 눈에서 비늘 같은 것이 벗어져 다시 보게 된지라
일어나 침례를 받고"(행 9:17-18)

여기에서도 성령충만을 받았을 때 방언을 말했다는 기록은 없습니다. 하지만 고린도전서에서 바울이 누구보다 더 많이 방언으로 기도했다는 것을 알 수 있습니다. 이로 보아 바울은 아나니아의 안수를 통해 성령충만을 받았을 때 방언을 말했다고 볼 수 있습니다.

"내가 너희 모든 사람보다 방언을 더 말하므로 하나님께 감사하노라"(고전 14:18)

고넬료 가정에 임하신 성령님

네 번째로, 고넬료 가정에서 베드로가 설교할 때 성령님이 임하셨습니다.

"베드로가 이 말을 할 때에 성령이 말씀 듣는 모든 사람에게 내려오시니 베드로와 함께 온 할례 받은 신자들이 이방인들에게

도 성령 부어 주심으로 말미암아 놀라니 이는 방언을 말하며 하나님 높임을 들음이러라"(행 10:44-46)

이탈리아 군대의 백부장이었던 고넬료는 하나님을 경외하는 사람이었습니다. 하루는 그가 기도하는 중에 천사의 지시를 받아 베드로를 자기 집으로 초청했습니다. 그때 베드로가 고넬료의 집에서 설교하자 말씀을 듣던 사람들에게 성령님이 임하셨습니다.

이 장면은 이방인들에게 성령침례가 임한 첫 번째 사건이기도 합니다. 베드로와 함께 왔던 유대인들은 이방인에게도 성령님이 임하신 것을 보고 매우 놀랐습니다. 그들이 이방인들도 성령충만을 받았다고 인정했던 이유는 방언을 말했기 때문입니다.

에베소 제자들에게 임하신 성령님

다섯 번째로, 에베소에서 바울이 안수할 때 성령님이 임하셨습니다. 바울은 에베소에서 복음을 전할 때 어떤 제자들에게 "너희가 믿을 때 성령을 받았느냐?"라고 물어봤습니다. 제자들은 성령이 계심도 듣지 못했다고 대답했습니다. 이에 바울이 그들에게 성령님에 대해 알려주고 안수하자 그들도 성령 충만을 받고 방언으로 말했습니다.

> "바울이 그들에게 안수하매 성령이 그들에게 임하시므로 방언도 하고 예언도 하니"(행 19:6)

지금까지 살펴본 대로 사도행전에는 성령님이 임하시는 장면이 다섯 번 나옵니다. 그 가운데 세 번은 방언을 말했다고 직접적으로 증거하고 있으며, 나머지 두 번은 방언을 말했다고 인정할 만한 내용입니다.

우리에게 임하신 성령님

성령의 역사는 오늘도 여전히 일어나고 있습니다. 천국 가신 조용기 목사님은 매시간 '성령을 받고 방언으로 말하라'라고 강조하셨습니다. 장로교 집안에서 자라난 저는 매일 가정예배를 드리고 토요일마다 성경 퀴즈를 막힘없이 풀 정도였습니다. 그러나 1964년 순복음교회에 나오기 전까지는 사도행전 19장에 등장한 에베소의 제자들처럼 성령충만에 대해서 전혀 알지 못했습니다. 성령침례를 왜 받아야 하는지, 성령충만이 무엇인지, 방언으로 기도하는 것이 무엇인지 전혀 알지 못했습니다.

하지만 성령침례를 받고 나서 제 인생이 완전히 달라졌습니다. 저는 1966년 2월 그때의 기억이 지금도 생생합니다. 설교 말씀을 듣고 다 같이 통성으로 기도하는 시간에 간절히 성령침례를 사모하며 부르짖을 때 갑자기 혀가 돌아가더니 방언이 터져 나왔습니다. 그날 이후 저는 성령님께 사로잡혀 기도에 힘쓰는 사람이 되어 매 기도 시간마다 예수님의 사랑에 감격하여 눈물을 흘렸습니다.

예수님을 믿고 거듭난 사람이 성령침례를 받으면 이전과는 전혀 다른 삶을 살게 됩니다. 주님이 우리에게 주신 사명을 이루고 승리하는 삶을 살기 위해서 반드시 필요한 것은 성령의 충만함을 받는 것입니다.

또한 방언은 성령님이 우리 영으로 더불어 하나님께 기도하는 기도의 언어입니다. 우리가 기도할 바를 알지 못해도 방언 기도를 통해 성령님이 우리 대신 간구해 주십니다. 방언은 더 깊은 기도와 찬미의 도구로써 하나님과 깊은 영적 교통을 가능하게 합니다.

"이와 같이 성령도 우리의 연약함을 도우시나니 우리는 마땅히 기도할 바를 알지 못하나 오직 성령이 말할 수 없는 탄식으로 우리를 위하여 친히 간구하시느니라"(롬 8:26)

우리의 힘으로만 기도하려고 하면 오랫동안 집중해서 기도하기가 어렵습니다. 하지만 성령충만을 받고 성령님이 말하게 하심을 따라 방언으로 기도하면 오랫동안 깊은 기도를 할 수 있습니다. 우리는 이와 같은 방언 기도를 통해 하나님과 친밀한 교제를 나눠야 합니다.

4. 성령충만은 지속되어야 한다

방언은 성령충만의 대표적인 외적 증거입니다. 하지만 이게 전부가 아닙니다. 성령침례를 받은 사람은 계속 방언을 말하여 성령충만을 지속해야 합니다.

성령으로 충만함을 받으라

"술 취하지 말라 이는 방탕한 것이니 오직 성령으로 충만함을

받으라"(엡 5:18)

"오직 성령으로 충만함을 받으라"에서 '받으라'라는 단어는 '현재 시제'입니다. 헬라어에서 현재 시제는 행위의 지속성을 강조합니다. 그러므로 성령충만은 한 번 받고 끝나는 것이 아니라 항상 지속되어야 합니다. 성령침례는 일회적이지만 성령충만은 성령침례 이후 반복되는 영적인 체험입니다.

우리가 성령충만을 받았다고 하면서도 죄짓고 잘못된 길로 가는 이유는 성령충만을 유지하지 못했기 때문입니다. 그래서 성경은 우리 삶 속에서 성령의 불이 꺼지지 않도록 주의하라고 말씀합니다.

"성령을 소멸하지 말며"(살전 5:19)

우리는 한번 성령충만을 받은 것에 만족하지 말고 지금 내가 성령충만한지 살펴보고, 날마다 성령충만을 받아 모든 문제와 어려움을 이겨내고 승리하는 삶을 살아야 합니다.

꺼지지 않는 성령의 불길

감리교 창시자 존 웨슬리 목사님은 성령충만을 받고 위대한 하나님의 사람으로 변화되었습니다.

그는 성공회 신부로서 경건한 생활을 하다가 미국으로 선교를 떠났습니다. 항해는 4개월 23일간 계속되었는데, 풍랑이 심해서 돛대가 부러지고 객실 창문이 깨지는 등 위기의 순간이 많았습니다. 배를 타고 있던 대부분의 사람은 죽음의 공포에 휩싸여 두려워 떨었습니다. 그런데 그런 와중에도 모라비안 성도들은 찬송을 부르고 기도하며 침착한 모습을 보였습니다. 이 모습을 본 웨슬리 목사님은 깊은 인상을 받았습니다.

이후 미국 선교에 실패하고 다시 고국으로 돌아온 웨슬리 목사님은 1738년 5월 24일에 올더스게이트에 있는 모라비안 성도들의 저녁 예배에 참석하게 되었습니다. 그때 마틴 루터의 『로마서 강해』의 서문을 듣고 마음이 뜨거워지는 은혜를 체험했습니다. 이 체험 이후 웨슬리 목사님은 한평생 뜨거운 성령의 불을 마음에 품고 전 세계를 다니며 복음을 전하고 수많은 영혼을 구원하였습니다. 웨슬리 목사님은 다음과 같은 말을 남겼습니다.

"제가 평생에 복음을 전한 것은 항상 제 마음속에 성령의 불길이 타오르고 있었기 때문이었습니다."

우리도 구원받은 것으로 만족하지 말고 성령의 불길이 날마다 타오르게 해야 합니다. "성령님이여, 우리에게 임하옵소서! 바람 같이 불같이 생수와 같이 임하여 주옵소서!"라고 간절히 소망하며 기도해야 합니다. 오늘날 우리에게 필요한 것은 첫째도 성령충만이요, 둘째도 성령충만이요, 마지막도 성령충만입니다.

웨슬리 목사님이 마음속에 꺼지지 않는 성령의 불을 품고 전 세계를 다니며 복음을 전했던 것처럼, 우리 모두 성령의 불을 가슴에 품고 성령이 주시는 능력으로 모든 어려움을 이기고 하나님의 영광을 나타내는 귀한 일꾼들이 되기를 소망합니다.

구원받은 것으로 만족하지 말고
성령의 불길이 날마다 타오르게 해야 합니다.
"성령님이여, 우리에게 임하옵소서!
바람 같이 불같이 생수와 같이
임하여 주옵소서!"

• 핵심요약 •

중생, 성령침례, 성령충만

1. 거듭나게(중생) 하시는 성령님
- 인간의 힘으로 구원받고 거듭날 수 없다
- 성령님이 우리의 영을 거듭나게 해주신다

2. 예수님이 분부하신 성령침례
- 성령침례를 받아 능력 있는 복음의 증인이 되라

3. 성령침례와 성령충만
- 성령침례는 성령충만을 받는 최초의 사건이다
- 성령침례를 받으면 이전과 다른 삶을 살게 된다

4. 성령충만은 지속되어야 한다
- 성령충만은 반복되는 영적인 체험이다
- 날마다 성령으로 충만함을 받으라

• 적용을 위한 질문 •

1. 나는 성령침례를 받았나요? 성령침례를 받은 후 변화된 나의 삶의 모습을 적어보세요.

   ....
   ....
   ....
   ....
   ....

2. 날마다 성령충만을 받기 위해 기도하고 있나요? 성령충만을 간구하는 기도문을 적어보세요.

   ....
   ....
   ....
   ....
   ....

Chapter 9

성령님과 성화

"찬송하리로다 하나님
곧 우리 주 예수 그리스도의 아버지께서
그리스도 안에서 하늘에 속한 모든 신령한 복을
우리에게 주시되 곧 창세 전에 그리스도 안에서
우리를 택하사 우리로 사랑 안에서
그 앞에 거룩하고 흠이 없게 하시려고
그 기쁘신 뜻대로 우리를 예정하사
예수 그리스도로 말미암아
자기의 아들들이 되게 하셨으니"

에베소서 1장 3-5절

성령님과 성화

9

 인간은 본래 하나님의 형상을 따라 창조되어 하나님과 친밀한 관계를 맺으며 살던 존재였습니다. 그러나 아담과 하와가 타락한 후 이 세상에 죄가 들어왔고, 죄로 인해 하나님과 우리의 관계가 단절되었습니다. 하나님과 우리 사이에는 인간의 힘과 능력으로 결코 건널 수 없는 죄의 강이 흐르게 된 것입니다. 죄의 강을 건널 수 있는 유일한 다리는 오직 예수 그리스도의 십자가뿐입니다. 예수 그리스도의 십자가를 통해 죄의 강을 건너 은혜의 땅으로 들어가는 것이 바로 '구원'입니다.

 구원은 크게 세 단계로 이루어집니다. 첫째는 예수님을 믿고 구원받는 '중생', 둘째는 구원받은 날로부터 천국에 갈 때까지 거룩해지는 과정인 '성화', 마지막으로 우리의 궁극적인 목표, 즉 예수님처럼 변화되는 '영화'입니다. 그리고 중생에서부터 영화에 이르는 이 모든 과정 가운데 우리와 함께하셔서 우리를 도우시고 인도하시는 분이 바로 성령님입니다.

1. 성령충만은 성화를 이루어 나간다

우리는 예수 그리스도를 믿어 구원받고 하나님의 자녀가 되었습니다. 하나님의 자녀로서 우리의 삶은 이전과 달라야 합니다. 그렇다면 하나님은 하나님의 자녀가 어떻게 살기를 원하실까요? 성경은 거룩하신 하나님을 닮아 우리도 '거룩하게' 살라고 말씀합니다.

"내가 거룩하니 너희도 거룩할지어다"(레 11:45)

거룩한 삶은 죄와 분리된 삶, 세상과 구별된 삶이며, 또한 예수님을 닮아가는 성화의 삶입니다.

선택 아닌 필수

거룩한 삶은 우리가 예수님을 믿어 구원받은 이후에 저절로 이루어지지 않습니다. 구원받아 하나님의 자녀가 된 우리에게도 여전히 죄의 습성이 남아있습니다. 죄악으로 가득한 세상에서 마귀는 어찌하든지 우리를 죄에 빠뜨려 멸망시키려고 합니다. 우리의 힘과 능력만으로는 죄의 유혹을 이길 수 없고, 육신의 정욕과 안목의 정욕과 이생의 자랑을 버리고 세상과 구별된 삶을 살 수 없습니다. 그렇기에 우리에게 필요한 것이 바로 성령충만입니다. 거룩한 삶은 오직 성령충만을 통해서만 이루어질 수 있는 삶의 모습이기 때문입니다.

크리스천에게 성령충만은 받아도 되고 안 받아도 되는 선택 사항이 아닙니다. 성령충만은 필수입니다. 성령충만하지 않으면 예수님을 믿어도 형식적이고 습관적인 신앙생활을 하게 될 것입니다. 성령충만하지 않으면 하나님의 말씀보다 내 생각과 내 뜻을 앞세우게 되고, 결국 하나님께 불순종하는 사람이 됩니다. 세상 사람들이 크리스천들을 비판하며 손가락질하는 이유도 결국 성령충만을 받지 못한 크리스천들의 모습, 즉 거룩함과는 거리가 먼 크리스천의 모습 때문입니다.

크리스천임에도 불구하고 죄와 불의를 행하면서 세상 사람들과 다를 바 없는 삶, 오히려 세상 사람들에게 손가락질 받는 삶을 산다면 이는 곧 하나님의 영광을 가리는 일이 될 것입니다. 그러므로 우리는 반드시 성령으로 충만해야 합니다. 성령 충만을 받아야 비로소 거룩하신 예수님을 닮아가는 성화로 나아갈 수 있음을 기억하길 바랍니다. 우리는 매일 성령충만을 사모하고 간구해야 합니다.

중생에서 영화에 이르기까지
성화의 과정은 구원받은 순간부터 시작됩니다. 우리가 예수님을 삶의 주인으로 인정하고 믿음을 고백할 때 하나님이 우리를 의롭다고 인정해 주시고 당신의 자녀로 삼아주십니다. 그 순간부터 성령님이 우리 안에 내주하셔서 죄를 깨닫고 회개하게 하시고 거룩한 삶으로 인도하십니다. 다시 말해, 성령의 역사로 우리는 성화되기 시작합니다.

예수님을 믿고 하나님의 자녀가 된 순간부터 모든 크리스천이 성화의 과정을 걷게 되지만, 안타깝게도 초보적인 신앙에 머물러 있는 크리스천이 많습니다. 신앙의 연수가 많아질수록 예수님을 더욱 닮아가야 하는데, 옛사람의 성품이 그대로 남아있거나 혹은 시간이 지날수록 자기주장이 더 강해지곤 합니다. 심지어 이런 분들이 교회의 제직이나 리더로 세워지면 교회의 큰 골칫덩어리가 됩니다. 성숙한 신앙으로 성도들을 섬기며 교회의 덕을 세우는 데 힘써야 할 사람들이 오히려 갈등과 다툼을 일으키기 때문입니다.

우리는 예수님을 구주로 영접하는 데 그치지 말고, 날마다 예수님을 닮아가야 합니다. 어제보다 오늘, 오늘보다 내일 더 예수님을 닮아가는 사람이 되어야 합니다. 예수님을 믿기 전에는 악한 사람이었다 할지라도, 예수님을 믿고 난 후에는 성령충만을 받아 작은 예수의 모습으로 변화되어야 하는 것입니다.

우리는 이 땅에서 점점 성화되는 삶을 살다가 하나님이 우리를 부르시는 마지막 날에 예수님과 같은 영화로운 모습으로 변화될 것입니다. 영화는 죄로부터 완전히 해방되는 것이며 구원의 완성입니다. 종국에 우리가 도달해야 할 모습입니다.

일평생 점진적으로
성화의 시작인 중생은 거듭남, 즉 '다시 태어나는 것'입니다. 중생이 영적 출생이라면, 성화는 영적 성장이라고 볼 수 있습니다. 사람이 태어나서 점점 자라듯이 구원받아 하나님의 자녀가 된 크리스천은 중생한 이후에 점진적인 성화의 과정을 지납니다.

여기서 우리가 분명히 알아야 할 것은 성화가 한순간에 갑자기 이루어지지 않는다는 사실입니다. 성화는 일평생 동안, 우리가 하늘나라에 갈 때까지 성령님의 인도하심을 따라 조금씩 이루어 가는 것입니다.

그런데 사람마다 시간과 정도의 차이가 있습니다. 어떤 사람은 오랜 시간이 지나도 여전히 성화의 초보 단계에 머물러 있지만, 어떤 사람은 짧은 기간에도 괄목할 만한 성화의 모습을 보여주기도 합니다. 그래서 예수님을 닮은 모습으로 하나님을 기쁘시게 만들고 세상 가운데 선한 영향력을 끼치며 사는 사람도 있습니다.

왜 이런 차이가 생기는 것일까요? 그것은 성령충만과 밀접한 관련이 있습니다. 앞에서 이야기했듯이 성화는 성령의 역사입니다. 그래서 성화를 이루기 위해서는 성령충만을 받아야 하고, 성령으로 충만하기 위해서는 날마다 기도하며 하나님의 말씀을 깊이 묵상해야 합니다. 매일 성령님과 동행하는 삶을 살고자 몸부림쳐야 합니다. 그렇게 성령충만한 하루하루가 쌓이면 마침내 영적 성장을 이루어서 예수님을 닮은 모습으로 변화될 것입니다.

2. 성령충만은 열매로 증명되어야 한다

그러면 우리가 성령충만을 받았는지 안 받았는지는 어떻게 알 수 있을까요? 어떤 사람이 성령의 은사를 받아 방언과 예언을 하고 병을 고치며 여러 기적을 행한다고 해도 그를 가리켜 '성령충만한 사람'이라고 단정 지을 수 없습니다.

성령님은 예수님의 영이시기에 성령충만은 곧 예수충만입니다. 그래서 성령충만한 사람의 성품과 인격은 예수님을 닮아야 하고, 그 사람의 삶을 통해 예수님이 드러나야 합니다.

사도 바울은 성령충만한 사람이 맺는 성령의 열매에 대해 말한 바 있는데, 그 성령의 아홉 가지 열매가 바로 예수님의 성품입니다.

"오직 성령의 열매는 사랑과 희락과 화평과 오래 참음과 자비와 양선과 충성과 온유와 절제니 이같은 것을 금지할 법이 없느니라"(갈 5:22-23)

성경 원어를 보면 '성령의 열매'가 복수가 아닌 단수로 기록되어 있습니다. 이는 성령의 아홉 가지 열매가 우리의 삶 속에서 하나씩 따로따로 맺혀지지 않음을 의미합니다. 오렌지 껍질을 벗겨보면 그 안에 여러 알맹이가 하나로 뭉쳐 있는 것처럼 성령의 열매는 하나의 열매 속에 아홉 가지가 모두 담겨 있습니다. 다시 말해, 성화의 과정을 통해 성령의 아홉 가지 열매가 모두 맺혀야 하는 것입니다.

성령의 아홉 가지 열매는 크게 세 가지로 나눌 수 있습니다. 첫째로, 나와 하나님과의 관계에서 맺혀지는 열매, 둘째로 나와 이웃과의 관계에서 맺혀지는 열매, 그리고 마지막으로 나와 나 자신과의 관계에서 맺혀지는 열매입니다.

나와 하나님과의 관계
사랑과 희락과 화평은 하나님과 나와의 관계에서 맺히는 열매에 속합니다.

여기에서 사랑은 하나님의 아가페 사랑을 의미합니다. 하나님의 사랑은 조건을 따지지 않는 사랑입니다. 우리를 위해 독생자 예수 그리스도까지도 내어주시는 희생적인 사랑입니다. 하나님의 아가페 사랑을 경험하고 깊이 깨달은 사람들은 그 사랑에 감격하며 감사할 수밖에 없습니다. 나아가 성령으로 충만하여 사랑의 열매를 맺게 되면 하나님의 아가페 사랑을 닮아서 원수까지도 용서하고 사랑할 수 있게 됩니다. 하나님은 우리가 성령충만을 받고 그러한 사랑의 단계까지 나아가기를 원하십니다.

희락은 기쁨을 말하는데, 그 기쁨의 근원은 하나님이십니다. 그래서 희락은 세상이 주는 쾌락, 행복감과는 본질적으로 다릅니다. 희락은 성령충만을 통해 얻게 되는 거룩한 기쁨입니다. 그렇기에 성령으로 충만하여 희락의 열매를 맺게 되면 좋은 일이 있을 때만 기뻐하는 것이 아니라, 감당하기 어려운 문제 속에서도, 핍박과 절망하기 쉬운 환경 속에서도 기뻐할 수 있습니다. 성령충만한 사람은 주 안에서 '항상' 기뻐할 수 있습니다.

"주 안에서 항상 기뻐하라 내가 다시 말하노니 기뻐하라"(빌 4:4)

화평은 히브리어로 '샬롬'인데, 이 말은 성경에서 '평화, 평안, 평강'으로도 번역됩니다. 샬롬은 하나님이 주시는 평안입니다. 우리가 성령충만을 받고 화평의 열매를 맺게 되면 우리 마음 깊은 곳에 평안이 자리 잡게 됩니다. 그래서 이 세상의 환란 풍파가 거세게 몰아쳐도 잔잔한 깊은 바다처럼 요동하지 않을 수 있습니다. 이 평안은 세상이 줄 수도, 빼앗아 갈 수 없는 평안입니다. 우리 모두 성령충만하여 하나님이 주시는 평안으로 모든 환란 풍파를 능히 이겨내기를 바랍니다.

나와 이웃과의 관계

둘째, 이웃과 나와의 관계에서 맺혀지는 열매로서 오래 참음과 자비와 양선이 있습니다.

오래 참음은 다른 사람들과의 관계에서 정말 중요한 덕목입니다. 특히 우리나라 사람들은 성정이 급해서 오래 기다리는 일을 잘 못합니다. 그래서인지 전 세계적으로 유명해진 우리나라 말 가운데 하나가 '빨리빨리'입니다. 식당에서도 음식이 빨리 안 나오면 불평하고, 대화를 나눌 때도 상대방의 이야기를 진중하게 듣지를 못합니다. 그러나 급한 성정은 실수를 저지르기 쉽습니다. 다른 사람들과의 관계에서 우리는 참고 기다릴 줄 알아야 합니다. 무엇보다 성령충만을 받고 오래 참음의 열매를 맺은 사람은 말과 행동이 신중해지고, 억울한 일을 당하거나 손해를 보더라도 화를 내지 않습니다. 모든 것이 합력하여 선을 이루게 하시는 하나님을 신뢰하며 믿음으로 인내할 수 있기 때문입니다.

자비는 다른 사람에게 친절을 베푸는 것을 의미합니다. 특히 성령의 열매로서의 자비는 대가를 바라지 않고 조건 없이 베푸는 친절입니다. 예수님이 이 땅에 오셔서 가난하고 소외된 자들을 긍휼히 여기시며 그들에게 선행과 친절을 베푸신 것처럼 우리도 작은 예수가 되어 친절을 베풀어야 합니다. 그러할 때 다른 사람의 마음을 감동하게 하고 덕을 끼침으로써 복음 전파의 길도 열리게 될 것입니다.

양선은 착한 성품과 행동입니다. 본성적인 착함이 아니라, 성령의 역사로 변화된 성품과 그에 따른 선한 행동을 말합니다. 예수님을 믿는 우리는 착해야 합니다. 세상 사람들이 우리의 착한 행실을 보고 하나님을 알게 되고 하나님께 영광을 돌리게 될 것입니다.

"이같이 너희 빛이 사람 앞에 비치게 하여 그들로 너희 착한 행실을 보고 하늘에 계신 너희 아버지께 영광을 돌리게 하라"(마 5:16)

나와 나 자신과의 관계

셋째, '나'와 '나' 자신의 관계에서 맺혀지는 열매로 충성과 온유와 절제가 여기에 속합니다.

충성은 신실한 마음과 성실한 자세로 최선을 다하는 것을 말합니다. 충성된 사람은 게으르거나 나태하지 않습니다. 어떤 일을 하든 하나님이 맡겨주신 일로 여기며 최선을 다하는 것입니다. 하나님은 충성된 사람과 함께하시며 그의 삶을 성공과 형통의 길로 인도하십니다.

온유는 성령의 역사로 잘 길들여져서 부드러워진 성품을 말합니다. 세상 사람들은 자기 뜻대로 되지 않으면 목소리를 높이고 화를 냅니다. 그러나 화를 내는 것은 하나님의 의를 이룰 수 없습니다(약 1:20). 화가 많은 사람일수록 성령충만을 받기 위해 기도해야 합니다. 성령충만을 받으면 성령님이 우리의 감정을 다스려 주셔서 우리의 마음을 온유하게 만들어 주십니다.

절제는 자신을 잘 조절하는 것입니다. 운동선수들은 자신의 목표를 이루기 위해 삶의 모든 부분을 통제하고 늘 건강한 육체와 정신을 유지하기 위해 노력합니다. 크리스천도 자신의 육체적, 감정적 욕구를 잘 다스리며 절제하는 삶을 살아야 합니다. 심지어 하나님이 주신 은사조차도 절제하며 교회에 유익이 되는 방향으로 사용하고자 노력해야 합니다.

성령의 아홉 가지 열매는 모두 연결되어 있습니다. 그중 사랑이 가장 먼저 언급된 이유는 모든 열매가 하나님을 향한 사랑을 바탕으로 하고 있기 때문입니다. 우리 모두 성령충만하여 성령의 열매를 풍성히 맺게 되기를 바랍니다.

3. 성령충만의 궁극적 목적은 예수 그리스도를 닮는 것이다

이 땅에서 살아가는 동안 우리는 날마다 주님께 더 가까이 가기 위해, 조금이라도 주님을 더 닮기 위해 몸부림쳐야 합니다. 성령충만의 궁극적 목적도 이와 같습니다. 우리의 구주 되신 예수 그리스도를 닮는 것이 성령충만을 반드시 받아야 하는 이유이며 목적입니다.

거룩하고 흠이 없는 삶

하나님은 세상을 창조하시기 전에 이미 우리를 택하셔서 하나님의 자녀로 삼으셨습니다. 우리가 구원받은 것은 우연히 발생한 일이 아닙니다. 하나님의 우주적인 계획 속에서 성취된 것입니다.

"찬송하리로다 하나님 곧 우리 주 예수 그리스도의 아버지께서 그리스도 안에서 하늘에 속한 모든 신령한 복을 우리에게 주시되 곧 창세 전에 그리스도 안에서 우리를 택하사 우리로 사랑 안에서 그 앞에 거룩하고 흠이 없게 하시려고 그 기쁘신 뜻대로 우리를 예정하사 예수 그리스도로 말미암아 자기의 아들들이 되게 하셨으니"(엡 1:3-5)

하나님은 구원받은 우리가 하나님의 사랑 안에서 거룩하고 흠이 없게 살기를 원하셨습니다. 거룩하고 흠 없는 삶을 살기 위해서는 반드시 성령님의 도우심이 필요합니다.

물론 예수님을 닮아가는 성화는 이 땅에서 완성되지 않습니다. 그러나 예수님을 믿은 후 성령충만을 받으면 우리의 부족하고 연약한 모습들이 변화됩니다. 미성숙한 우리의 신앙이 조금씩 자라납니다.

성경은 이렇게 우리의 영적 성장, 즉 성화의 과정을 성전이 지어지는 것에 비유하여 말씀합니다. 벽돌을 차곡차곡 쌓아 건물을 완성해 나가듯 우리가 성령님과 동행하며 살아갈 때 우리는 점점 완전한 모습으로 지어져 갑니다.

> "너희도 성령 안에서 하나님이 거하실 처소가 되기 위하여 그리스도 예수 안에서 함께 지어져 가느니라"(엡 2:22)

그리스도의 장성한 분량

그러면 우리의 영적 성장은 어디까지 이뤄져야 할까요? 얼마만큼 성화되어야 하는 걸까요? 성경은 이 땅에서 우리가 도달해야 하는 성화의 목표가 "그리스도의 장성한 분량이 충만한 데까지"라고 말씀합니다.

> "우리가 다 하나님의 아들을 믿는 것과 아는 일에 하나가 되어 온전한 사람을 이루어 그리스도의 장성한 분량이 충만한 데까지 이르리니"(엡 4:13)

여기에서 '장성한'에 해당하는 원어를 보면 '성숙한'이라는 의미를 가지고 있습니다. 따라서 '그리스도의 장성한 분량이 충만한 데까지 이른다.'라는 표현은 우리가 신앙적으로 아직 어린아이와 같은 미숙한 모습에서 점차 성장하여, 성숙해진 단계에 도달한다는 뜻입니다.

예수님의 마음
또한 성화는 예수님의 마음을 품는 것입니다.

"너희 안에 이 마음을 품으라 곧 그리스도 예수의 마음이니"(빌 2:5)

예수님의 마음은 어떤 마음인가요? 우리를 구원하시기 위해 스스로 낮아지신 겸손한 마음, 죽음까지도 불사하신 헌신적인 사랑의 마음, 가난하고 연약한 자에게 자비를 베푸시는 마음, 죄인을 오래 참으시고 그 누구보다 온유하신 마음 등, 예수님의 마음은 성령의 열매가 풍성히 맺혀 있는 마음입니다.

우리도 성령의 충만함을 받아 예수님처럼 사랑, 희락, 화평, 오래 참음, 자비, 양선, 충성, 온유, 절제 등 성령의 아홉 가지 열매를 맺게 되기를 바랍니다. 이러한 변화된 모습으로 하나님의 일을 위해 귀하게 쓰임 받는 우리 모두가 되기를 소망합니다.

• 핵심요약 •

성령님과 성화

1. 성령충만은 성화를 이루어 나간다
- 성령충만은 선택이 아니라 필수이다
- 성화는 성령님의 인도하심을 따라 일평생 이루어 가는 것이다

2. 성령충만은 열매로 증명되어야 한다
- 성화의 과정을 통해 성령의 아홉 가지 열매가 맺혀져야 한다
- 나와 하나님과의 관계: 사랑과 희락과 화평의 열매
- 나와 이웃과의 관계: 오래 참음과 자비와 양선의 열매
- 나와 나 자신과의 관계: 충성과 온유와 절제의 열매

3. 성령충만의 궁극적 목적은 예수 그리스도를 닮는 것이다
- 예수님처럼 거룩하고 흠이 없게 살라
- 그리스도의 장성한 분량이 충만한 데까지 도달하라
- 예수님의 마음을 품어라

• 적용을 위한 질문 •

1. 성화의 과정을 1~10단계로 가정한다면 나는 어느 단계에 속할지 스스로 점검해 보고 그 이유를 적어보세요.

　

2. 성령의 아홉 가지 열매 가운데 내게 부족한 열매는 무엇인가요? 또한 그 열매를 맺기 위해 내가 해야 할 일은 무엇인지 적어보세요.

10
Chapter

성령님이
하시는 일

"보혜사 곧 아버지께서
내 이름으로 보내실 성령 그가 너희에게
모든 것을 가르치고 내가 너희에게
말한 모든 것을 생각나게 하리라"
요한복음 14장 26절

"그러나 진리의 성령이 오시면
그가 너희를 모든 진리 가운데로 인도하시리니
그가 스스로 말하지 않고
오직 들은 것을 말하며 장래 일을 너희에게
알리시리라 그가 내 영광을 나타내리니
내 것을 가지고 너희에게 알리시겠음이라"
요한복음 16장 13-14절

성령님이
하시는 일

10

예수님이 이 세상에 계실 때 제자들에게 성령님을 보내주겠다고 약속하셨습니다. 약속대로 오순절 날에 성령님이 임하셨고 위대한 부흥이 일어났습니다. 지금은 성령님의 시대입니다. 우리는 성령님과 함께 주님의 뜻을 이루기 위해 성령님이 하시는 일에 대해 알아야 합니다.

1. 성령님은 우리와 함께하신다

성령님은 우리와 함께 계셔서 우리를 위해 일하시는 분입니다.

보혜사 성령님

"내가 아버지께 구하겠으니 그가 또 다른 보혜사를 너희에게 주사 영원토록 너희와 함께 있게 하리니 그는 진리의 영이라 세상은 능히 그를 받지 못하나니 이는 그를 보지도 못하고 알지도 못함이라 그러나 너희는 그를 아나니 그는 너희와 함께 거하심이요 또 너희 속에 계시겠음이라"(요 14:16-17)

예수님이 십자가를 지시기 전에 제자들에게 "또 다른 보혜사"이신 성령님을 보내주겠다고 말씀하셨습니다. "보혜사"라는 단어는 헬라어로 '파라클레토스'입니다. 이 단어는 '부르심을 받아 곁에 와 계신 분'이라는 뜻입니다. 영어 성경에는 상담자, 변호자, 중재자, 위로자 등으로 번역되었습니다.

성령님은 "또 다른" 보혜사이십니다. 헬라어로 '다르다'라는 의미를 가진 단어는 '헤테로스'와 '알로스'입니다.

헤테로스는 '본질적으로 완전히 다른 것'을 나타낼 때 사용됩니다. 사과와 컵을 예로 들 수 있습니다. 이것들은 공통점이 전혀 없는 완전히 다른 사물입니다. 반면에 알로스는 '종류와 본질은 같지만 서로 다른 대상'을 나타낼 때 사용됩니다. 모양이 같은 두 개의 컵을 예로 들 수 있습니다. 이것들은 엄밀히 말하면 서로 다르지만 그 종류와 본질은 같습니다.

예수님이 "또 다른 보혜사"를 말씀하실 때 사용하신 단어는 '알로스'입니다. 이는 성령님이 신적인 본질에서 예수님과 완전히 동등하면서도 삼위 하나님 가운데 한 분으로서 존재하심을 의미하는 것입니다. 또 다른 보혜사로 오신 성령님은 예수님이 하셨던 것처럼 우리 곁에서 위로하고 상담하고 변호하며 하나님과 인간 사이를 중재하는 일을 하시는 분입니다.

우리 속에 거하시는 성령님

성령님은 우리가 예수님을 믿고 구세주라고 고백하는 순간 우리 안에 들어와 거하십니다.

우리 안에 거하시는 성령님은 인격적인 분이라는 것을 생각해야 합니다. '인격적'이라는 의미는 우리의 자유의지를 존중해 주시고 인격적으로 대우해 주시는 분이라는 것입니다. 따라서 우리는 항상 우리 안에 거하시는 성령님을 인정하고 환영하고 모셔 들이는 마음과 자세를 가져야 합니다.

이러한 마음과 자세는 성령충만을 통해서만 유지할 수 있습니다. 성령으로 충만할 때 구원의 은혜에 감사하는 마음을 잃지 않고 복음 전파에 대한 열정을 계속해서 갖게 됩니다. 우리가 항상 성령충만을 받기 위해 힘쓰고 우리 안에 거하시는 성령님과 동행하는 삶을 살면 때를 따라 돕는 은혜를 힘입어 형통하고 복된 삶을 살아갈 수 있습니다(히 4:16).

자동차를 운행하려면 정기적으로 기름을 넣어야 하듯이 우리는 날마다 성령충만을 받아야 합니다. 성령으로 충만하지 않으면 우리 삶에 문제가 찾아올 때마다 쉽게 원망과 불평을 하게 됩니다. 그런 부정적인 삶을 살면 내 안에 거하시는 성령님을 인식하지도 못하고 의지하지도 않는 삶을 살게 됩니다. 따라서 우리는 날마다 성령충만을 힘쓰며 살아갈 때 비로소 내 안에 거하시는 성령님과 동행하며 살아갈 수 있다는 것을 마음 깊이 생각해야 합니다.

2. 성령님은 예수님의 가르침을 생각나게 하시며, 예수님의 가르침을 전하여 주신다

성령님은 우리와 함께하시며 예수님의 가르침을 생각나게 하십니다.

> "보혜사 곧 아버지께서 내 이름으로 보내실 성령 그가 너희에게 모든 것을 가르치고 내가 너희에게 말한 모든 것을 생각나게 하리라"(요 14:26)

예수님은 성령님이 오시면 모든 것을 가르치시고, 자신이 한 말씀을 생각나게 하실 것이라고 말씀하셨습니다. 성령님이 제자들에게 예수님의 가르침을 생각나게 하시듯이, 오늘도 성령님은 우리에게 하나님의 말씀을 깨닫게 하시고 생각나게 하십니다.

성령님을 의지하여 말씀을 읽고 듣고 묵상할 때 우리는 예수님을 더욱 깊이 깨닫고 하나님의 뜻에 순종하여 살아갈 수 있습니다. 성령충만은 말씀충만이고 말씀충만은 곧 성령충만입니다.

3. 성령님은 예수님을 증언하신다

"내가 아버지께로부터 너희에게 보낼 보혜사 곧 아버지께로부터 나오시는 진리의 성령이 오실 때에 그가 나를 증언하실 것이요"(요 15:26)

성령님은 예수님을 증거하십니다. 따라서 우리가 성령충만을 받을 때 자연스럽게 예수님을 증거하는 성령의 사역에 동참하게 됩니다.

"오직 성령이 너희에게 임하시면 너희가 권능을 받고 예루살렘과 온 유대와 사마리아와 땅 끝까지 이르러 내 증인이 되리라 하시니라"(행 1:8)

예수님은 제자들에게 복음을 전하러 가기 전에 먼저 성령충만을 받으라고 분부하셨습니다. 성령으로 충만해야 권능을 받고 예수 그리스도의 복음을 증거하는 증인이 될 수 있기 때문입니다.

우리 모두 성령으로 충만함을 받아 예수님만이 유일한 구원의 길이 되시며 세상의 참된 희망이라는 것을 세상 사람들에게 널리 전해야 합니다.

4. 성령님은 죄, 의, 심판에 대해 세상을 책망하신다

성령님은 죄에 대해서, 의에 대해서, 심판에 대해서 세상을 책망하십니다.

> "그러나 내가 너희에게 실상을 말하노니 내가 떠나가는 것이 너희에게 유익이라 내가 떠나가지 아니하면 보혜사가 너희에게로 오시지 아니할 것이요 가면 내가 그를 너희에게로 보내리니 그가 와서 죄에 대하여, 의에 대하여, 심판에 대하여 세상을 책망하시리라"(요 16:7-8)

죄에 대하여 책망하심

성령님은 죄에 대하여 책망하십니다. 모든 사람은 죄 가운데 태어나서, 죄 가운데 살다가, 죄 가운데 죽을 수밖에 없는 운명에 처했습니다. 하지만 하나님이 우리를 너무나 사랑하셔서 독생자 예수님을 이 땅에 보내주셨습니다. 이를 통해 누구든지 예수님을 믿으면 구원받고 죄의 저주에서 벗어나게 되었습니다.

그러나 사람들은 죄인을 구원하시기 위해 오신 예수님을 거부하고 도리어 십자가에 못 박아 죽였습니다. 하나님의 사랑을 무시하는 죄, 다시 말해서 예수님을 구세주로 받아들이지 않는 불신앙의 죄를 지은 것입니다.

우리 역시 불신앙의 죄 가운데 있었지만 성령님이 우리 마음에 빛을 비춰 주셔서 자기의 죄를 깨닫게 해주셨습니다. 성령님이 깨닫게 해주시지 않았다면 우리는 결코 하나님 앞에 나올 수도 없었고 더 나아가 예수 그리스도를 구세주로 영접할 수도 없었을 것입니다.

의에 대하여 책망하심

성령님은 의에 대해 책망하십니다. 아담과 하와로부터 시작된 죄는 인류 역사 내내 인간의 삶 속에 뿌리를 내리고 인간을 지배하고 있습니다. 누구도 자신의 힘과 능력으로 죄의 문제를 해결할 수 없습니다. 모든 사람이 죄인이 되어 하나님의 영광에 이르지 못하게 되었기 때문입니다.

"모든 사람이 죄를 범하였으매 하나님의 영광에 이르지 못하더니"(롬 3:23)

"그러므로 한 사람으로 말미암아 죄가 세상에 들어오고 죄로 말미암아 사망이 들어왔나니 이와 같이 모든 사람이 죄를 지었으므로 사망이 모든 사람에게 이르렀느니라"(롬 5:12)

말씀과 같이 하나님 앞에서 의롭다고 여겨질 수 있는 사람은 아무도 없습니다. 다만 '의로움'이란 예수님이 그리스도이심을 믿는 사람에게 하나님이 값없이 주시는 은혜입니다. 우리는 성령님을 통해 이러한 사실을 깨달을 수 있습니다.

"사람이 의롭게 되는 것은 율법의 행위로 말미암음이 아니요 오직 예수 그리스도를 믿음으로 말미암는 줄 알므로 우리도 그리스도 예수를 믿나니 이는 우리가 율법의 행위로써가 아니고 그리스도를 믿음으로써 의롭다 함을 얻으려 함이라 율법의 행위로써는 의롭다 함을 얻을 육체가 없느니라"(갈 2:16)

우리가 의롭게 되려면 예수 그리스도를 믿고 보혈의 능력을 의지하는 방법밖에 없습니다. 왜냐하면 우리는 예수 그리스도의 보혈의 공로로 죄 사함을 받아 의롭게 되었기 때문입니다. 따라서 우리는 예수님의 크신 희생과 사랑으로 인해 용서받은 의인이 되었다는 사실을 마음에 새기고 하나님이 기뻐하시는 의로운 삶을 살아야 합니다.

심판에 대하여 책망하심

성령님은 심판에 대하여 책망하십니다. 세상은 죄가 없는 예수님을 십자가에 못 박아 죽였습니다. 그러나 예수님은 죽은 자 가운데서 사흘 만에 부활하시고 승천하심으로 자신이 하나님의 아들이라는 것과 죄와 무관하다는 것을 친히 증명하셨습니다.

예수님이 십자가 고난을 당하신 것은 세상 임금인 마귀의 계략이었습니다. 하지만 예수님은 십자가에서 모든 사람의 죄를 대신 담당하시고 죽었다가 부활하시어 도리어 마귀를 이기시고 심판하셨습니다.

"이제 이 세상에 대한 심판이 이르렀으니 이 세상의 임금이 쫓겨나리라"(요 12:31)

"우리를 거스르고 불리하게 하는 법조문으로 쓴 증서를 지우시고 제하여 버리사 십자가에 못 박으시고 통치자들과 권세들을 무력화하여 드러내어 구경거리로 삼으시고 십자가로 그들을 이기셨느니라"(골 2:14-15)

이제 예수님을 믿고 섬기는 우리는 더 이상 죄와 마귀의 지배를 받지 않습니다. 예수님이 십자가에서 "다 이루었다."라고 말씀하실 때 우리의 과거, 현재, 미래의 모든 죄가 용서받고 마귀는 완전히 패배했습니다.

그러므로 예수님을 구세주로 영접한 우리는 예수님의 보혈을 힘입어 위대한 승리자가 되었습니다. 이제 우리는 아무 힘이 없는 마귀의 정체를 똑바로 알고 믿음으로 대적하는 삶을 살아야 합니다. 캄캄한 방에 불을 켜서 순식간에 어두움을 몰아내듯이, 마귀가 이미 심판받았다는 것을 확신함으로써 흑암의 권세를 물리치는 우리가 되어야 합니다.

5. 성령님은 우리를 진리 가운데로 인도하신다

성령님은 진리의 영이십니다. 진리의 영이신 성령님은 우리를 항상 진리로 인도하십니다.

성령님은 진리의 영이시다

"그는 진리의 영이라 세상은 능히 그를 받지 못하나니 이는 그를 보지도 못하고 알지도 못함이라 그러나 너희는 그를 아나니 그는 너희와 함께 거하심이요 또 너희 속에 계시겠음이라"(요 14:17)

"그러나 진리의 성령이 오시면 그가 너희를 모든 진리 가운데로 인도하시리니 그가 스스로 말하지 않고 오직 들은 것을 말하며 장래 일을 너희에게 알리시리라"(요 16:13)

성령님은 스스로 말씀하지 않으시고 하나님께 들은 것을 말씀하십니다. 진리인 하나님의 말씀 가운데로 우리를 인도하시는 것입니다. 그리하여 우리가 예수님 안에 살고 예수님의 뜻을 이루어 갈 수 있도록 도와주십니다.

아무리 뛰어난 사람이라도 자신의 힘으로는 진리를 깨달을 수 없습니다. 성령님의 도우심이 있어야만 하나님의 깊은 진리를 통찰할 수 있습니다. 성령님이 주시는 진리는 이성을 초월하여 우리에게 온전한 확신과 마음의 평안을 얻게 합니다.

성령님은 진리의 말씀의 저자이시다

성경의 저자들은 모두 성령의 감동을 따라 성경을 기록했습니다.

> "예언은 언제든지 사람의 뜻으로 낸 것이 아니요 오직 성령의 감동하심을 받은 사람들이 하나님께 받아 말한 것임이라"(벧후 1:21)

사람이 성경을 기록했지만 성경의 진정한 저자는 성경을 기록할 수 있도록 감동을 주신 성령님이십니다. 하나님의 뜻은 모두 성경에 기록되어 있습니다. 우리는 성령님과 동행하며 진리 가운데 행하기 위해 한평생 말씀을 가까이해야 합니다.

6. 성령님은 주님의 영광을 나타내신다

성령님은 예수님의 영광을 나타내십니다.

"그가 내 영광을 나타내리니 내 것을 가지고 너희에게 알리시겠음이라"(요 16:14)

성령님은 예수님의 영광을 나타내시는 분입니다. 그러므로 성령충만한 사람은 오직 예수님의 영광을 나타내며 살아갑니다. 말과 행동으로 예수님을 드러내지 않고 오히려 자신의 영광을 내세우며 자랑한다면 그 사람은 성령충만한 사람이 아닙니다.

성령님은 우리 안에 거하시면서 우리에게 말씀을 가르치고 생각나게 하십니다. 죄와 의와 심판에 대해 알리시고 예수님만이 진정한 구원자이심을 증언하십니다. 성령충만을 받으면 성령님이 하시는 일을 우리도 하게 되어 예수님의 영광을 드러내게 됩니다. 날마다 성령충만을 받아 한평생 예수님의 영광을 드러내게 되기를 소망합니다.

"성령님은 예수님의 영광을
나타내시는 분입니다.
그러므로 성령충만한 사람은
오직 예수님의 영광을
나타내며 살아갑니다."

• 핵심요약 •

성령님이 하시는 일

1. 성령님은 우리와 함께하신다

2. 성령님은 예수님의 가르침을 생각나게 하시며, 예수님의 가르침을 전하여 주신다

3. 성령님은 예수님을 증언하신다

4. 성령님은 죄, 의, 심판에 대해 세상을 책망하신다

5. 성령님은 우리를 진리 가운데로 인도하신다
   - 성령님은 진리의 영이시다
   - 성령님은 진리의 말씀의 저자이시다

6. 성령님은 주님의 영광을 나타내신다

• 적용을 위한 질문 •

1. 성령님이 언제나 나와 함께하신다는 사실을 인식하며 살아가고 있나요? 보혜사 성령님과 동행하기 위해 내가 해야 할 일은 무엇일까요?

   ....
   ....
   ....
   ....

2. 과거에는 죄인 줄 알지 못했으나 성령충만을 받은 후 죄를 새롭게 깨닫고 회개한 적이 있나요? 의와 진리로 우리를 인도하시는 성령님에 대한 경험을 적어보세요.

   ....
   ....
   ....
   ....

11
Chapter

성령님과 말씀

"모든 성경은 하나님의 감동으로 된 것으로
교훈과 책망과 바르게 함과 의로
교육하기에 유익하니"

디모데후서 3장 16절

"먼저 알 것은 성경의 모든 예언은
사사로이 풀 것이 아니니
예언은 언제든지 사람의 뜻으로 낸 것이 아니요
오직 성령의 감동하심을 받은 사람들이
하나님께 받아 말한 것임이라"

베드로후서 1장 20-21절

성령님과 말씀

11

    1903년에 일어난 원산 대부흥운동과 1907년에 일어난 평양 대부흥운동은 한국교회에 기독교 신앙이 뿌리내리는 데 중요한 역할을 했습니다. 두 차례에 걸쳐 일어난 대부흥운동에는 몇 가지 공통점이 있습니다. 먼저는 부흥운동이 성경을 공부하는 사경회 가운데 일어났다는 것입니다. 그리고 모임에 참석한 사람들의 철저한 회개가 뒤따를 때 강력한 성령님의 임재가 일어났습니다.

    그런데 일제가 35년간 우리나라를 억압하는 동안 성령운동의 역사가 점점 사라지고, 말씀을 강조하는 전통이 한국교회에 자리 잡게 되었습니다. 이후 일제 강점기가 끝나고 6·25 전쟁을 겪으면서 한국교회 성도들 마음속에 영적 갈급함이 생겨났습니다.

하나님은 이들의 영적 갈급함을 아시고 다시 한번 한국 땅에 강력한 성령의 바람을 일으켜 주셨습니다. 1958년 5월 18일, 대조동 천막교회에서 시작된 성령운동이 오순절 교단을 넘어 우리나라 전역에 널리 전해졌습니다.

한국교회 부흥의 역사를 돌아보며 우리는 성령님의 역사와 말씀의 역사가 하나라는 사실을 기억해야 합니다. 음식을 편식하면 건강에 문제가 생기듯이, 성령충만과 말씀충만 중에 어느 한쪽으로 치우치면 성숙한 신앙생활을 할 수 없습니다. 날마다 영적 성장을 이루는 성도가 되기 위해서는 주야로 말씀을 묵상하고 성령충만을 받기 위해 힘써야 합니다.

1. 성령님은 진리의 영이시다

우리의 인생은 끊임없는 선택의 연속입니다. 매 순간 어떤 선택을 하느냐에 따라서 삶의 모습이 확연히 달라집니다. 사람은 불완전한 존재이기에, 매번 옳은 선택만을 하며 살 수는 없습니다. 때로는 잘못된 선택을 해서 실수하거나 넘어지기도 합니다. 그렇기에 우리는 진리의 영이신 성령님을 의지하며 하루하루 살아가야 합니다.

인생의 나침반

예수님을 구주로 영접한 성도는 진리의 영이신 성령님을 통해 옳은 길로 인도함을 받습니다. 그러나 하나님을 알지 못하는 세상 사람들은 참된 진리를 알지 못하고 헛된 가르침을 좇아 달려갑니다.

> "그는 진리의 영이라 세상은 능히 그를 받지 못하나니 이는 그를 보지도 못하고 알지도 못함이라 그러나 너희는 그를 아나니 그는 너희와 함께 거하심이요 또 너희 속에 계시겠음이라"(요 14:17)

성도와 세상 사람의 차이는 삶에서 문제를 만났을 때 극명하게 드러납니다. 성도가 위기나 고난을 만나면, 진리의 영이신 성령님이 그 고난을 이겨낼 말씀을 생각나게 하십니다. 그래서 우리는 늘 성령님과 동행하며 삶의 모든 문제를 성령님과 의논해야 합니다. 우리의 가정, 교회, 학교, 직장, 사업장에서 일어나는 모든 일에 대해 성령님과 늘 대화하며 성령님의 도우심을 구하면 성령님이 우리 인생의 나침반이 되셔서 우리를 옳은 길로, 또한 푸른 풀밭과 쉴만한 물가와 같은 복된 길로 인도해 주십니다.

그러나 성령님을 마음속에 모시지 못한 사람은 이 같은 복을 누릴 수 없습니다. 특히 세상 사람들은 문제의 해결을 위해 사람이나 권력, 재력을 의지합니다. 그래도 문제를 해결하지 못하면 그 문제에서 도피하기 위해 술, 도박, 마약, 게임 중독에 빠지기도 합니다. 그러다 결국 멸망의 길, 사망의 길로 가는 것입니다.

진리가 너희를 자유롭게 하리라
성령님은 무엇보다도 길이요, 진리요, 생명이 되시는 예수님께 우리를 인도하십니다.

"예수께서 이르시되 내가 곧 길이요 진리요 생명이니 나로 말미암지 않고는 아버지께로 올 자가 없느니라"(요 14:6)

종교다원주의를 따르는 사람들은 구원으로 가는 길이 여러 갈래 존재한다고 주장합니다. 신이 역사적 상황이나 문화적 특성에 따라 하나님, 알라, 브라만, 부처 등 각기 다른 모습으로 나타났다는 것입니다. 또한 무신론자들은 아예 신의 존재를 부정합니다. 이들은 우주 만물은 우연히 만들어진 것일 뿐 신의 섭리나 구원은 없다고 말합니다.

그러나 이 같은 주장은 모두 잘못된 것입니다. 하나님이 천지를 창조하시고 우리를 구원하시기 위해 예수 그리스도를 이 땅에 보내셨습니다. 우리를 죄와 사망에서 구원할 길은 오직 예수님 한 분밖에는 없습니다. 그래서 우리는 성령님을 통해 참 진리가 되신 예수님을 만나야 합니다. 오직 예수님을 통해서만 구원받고 삶의 근본적인 변화를 체험할 수 있습니다.

> "그러므로 예수께서 자기를 믿은 유대인들에게 이르시되 너희가 내 말에 거하면 참으로 내 제자가 되고 진리를 알지니 진리가 너희를 자유롭게 하리라"(요 8:31-32)

"진리를 알지니"라는 말씀에서 사용된 '알다'라는 단어는 지식적으로 아는 것이 아니라 체험적으로 아는 것을 의미합니다. 예를 들어, 어떤 사람에 대해서 단순히 이름, 나이, 직업 등의 이력을 아는 것을 '지식적인 앎'이라고 한다면, 그 사람과 실제로 함께하며 교제를 나눔으로써 그가 어떤 사람인지를 아는 것을 '체험적인 앎'이라고 말할 수 있습니다.

실천하고 증명하다

19세기 미국의 위대한 부흥사였던 D. L. 무디 목사님에게 어느 날 한 청년이 찾아왔습니다. 청년은 무디 목사님에게 "목사님, 목사님이 애용하시는 성경책을 보고 싶습니다."라고 요청했습니다. 청년이 무디 목사님의 성경책을 펼쳐보니 곳곳에 줄을 긋고 메모한 흔적이 보였습니다. 그리고 거기에는 수많은 T와 P가 적혀 있었습니다.

이에 궁금증이 생긴 청년은 "목사님, T와 P가 많이 적혀 있는데 이건 무슨 의미인가요?"라고 물었습니다. 그러자 무디 목사님은 다음과 같이 대답했습니다. "T는 'Tried'(실천해 보았다)라는 뜻이고, P는 'Proved'(증명되었다)라는 뜻이라네."

무디 목사님은 성경에 기록된 말씀을 지식으로 아는 데 그치지 않고, 그 말씀을 실천하고 증명함으로써 체험적으로 알게 된 것입니다. 우리도 말씀을 그저 머리로 아는 것이 아니라 체험적으로 알아야 합니다.

무엇보다 우리가 진리의 영이신 성령님을 통해 말씀을 읽고 깨닫게 되면 그 말씀 속에서 예수님을 체험적으로 알게 됩니다. 예수님과 인격적으로 만나게 됩니다. 그러면 "진리가 너희를 자유롭게 하리라"라는 말씀처럼 진리 되신 예수님이 모든 죄와 질병과 문제와 어려움에서 우리를 자유롭게 해주실 것입니다.

2. 하나님의 말씀은 성령의 감동으로 기록되었다

성경은 하나님이 택하신 사람들이 성령님의 인도하심을 받아 기록한 책입니다. 그래서 성도는 성경을 하나님의 계시이자 신앙생활에 있어서 절대적 권위가 있는 하나님의 말씀으로 믿어야 합니다.

성령의 감동으로

성경은 구약 39권과 신약 27권, 총 66권으로 무려 1,500년 이상의 오랜 시간 동안 기록되었습니다.

가장 먼저 기록된 성경은 모세오경(창세기, 출애굽기, 레위기, 민수기, 신명기)이며 B.C. 1440년경에 기록되었습니다. 지금으로부터 약 3,400년 전으로 이스라엘 백성이 출애굽 할 때 기록된 것입니다. 그리고 가장 마지막에 기록된 성경은 A.D. 95년경에 사도 요한이 기록한 요한계시록입니다.

또한 성경은 40여 명의 각기 다른 배경, 학력, 직업을 가진 사람들에 의해 기록되었습니다. 왕이었던 다윗, 목동이었던 아모스, 어부였던 베드로, 의사였던 누가, 세리였던 마태 등 각양각색의 저자들이 성령의 감동을 받아 예수님이 온 인류의 구주가 되심을 증언했습니다.

그런데 성경이 성령의 감동으로 기록되었다는 사실을 믿지 않는 사람들은 성경에는 하나님의 말씀이 아닌 내용도 기록되어 있다고 주장합니다. 여러 사람이 편집해서 기록한 것이기에 하나님의 말씀 외에도 그 당시 유행했던 사상이나 신화가 포함되어 있다는 것입니다.

그러나 이러한 주장들은 사실이 아닙니다. 성령님의 역사하심을 깨닫지 못하고 믿지 않는 사람들이 지극히 인간적인 상식과 지식으로만 성경을 바라보기 때문에 이처럼 어리석은 주장을 하는 것입니다.

성령충만, 말씀충만

앞서 언급한 바와 같이 성령님은 성경의 저자들에게 임하여 성경을 기록하게 하셨습니다.

"모든 성경은 하나님의 감동으로 된 것으로 교훈과 책망과 바르게 함과 의로 교육하기에 유익하니"(딤후 3:16)

여기서 "하나님의 감동으로" 되었다는 것은 '하나님의 숨이 깃든'(God-breathed), 즉 하나님의 영이신 '성령님에 의해' 쓰였음을 의미합니다. 그래서 성경은 인간적인 지혜나 능력으로 쓰인 일반적인 책과는 차원이 다릅니다. 아무리 학위를 여러 개 갖고 있는 사람일지라도 세상의 지식을 갖고 성경을 연구한다면 그 진정한 깊이를 깨달을 수 없습니다. 성경의 진리를 깨닫는 방법은 단 하나, 성경의 원저자인 성령님의 가르침뿐입니다.

성경을 읽을 때 성령님과의 교제가 필요한 이유도 바로 여기 있습니다. 우리가 기도를 통해 성령님과 교제하며 성경을 읽어야 성경 안에 담긴 하나님의 뜻을 분명히 알 수 있기 때문입니다.

"먼저 알 것은 성경의 모든 예언은 사사로이 풀 것이 아니니 예언은 언제든지 사람의 뜻으로 낸 것이 아니요 오직 성령의 감동하심을 받은 사람들이 하나님께 받아 말한 것임이라"(벧후 1:20-21)

성경은 단순한 글자가 아닙니다. 성경은 우리의 혼과 영과 관절과 골수를 찔러 쪼개기까지 하는 살아있는 하나님의 말씀입니다(히 4:12). 그렇기에 우리는 성경을 읽고 묵상할 때 말씀 안에서 살아 역사하시는 성령님의 음성을 들어야 합니다. 나의 유한한 이성과 지성, 인간적인 판단으로 하나님의 말씀을 재단하지 말고 성령님이 가르치고 깨닫게 해주시는 대로 따라가야 합니다. 그래야 말씀을 통해 성령님과 동행하는 삶을 살아갈 수 있습니다.

성령충만은 곧 말씀충만입니다. 성경의 원저자인 성령으로 충만하기를 원한다면 성경을 읽고 묵상하는 일을 게을리해서는 안 됩니다. 성경을 읽는 일은 아무리 강조해도 지나침이 없습니다. 날마다 성령충만한 삶을 살기 위해서는 기본적으로 1년에 두 번씩은 성경을 완독해야 합니다. 성경을 통해 하나님의 은혜를 체험하고, 성령님의 인도하심을 따라 살아가는 성도가 되기를 바랍니다.

3. 성령의 감동으로 말씀을 통하여
   믿음의 역사가 나타난다

성령의 감동으로 쓰인 성경을 날마다 묵상할 때 우리의 믿음이 점점 자라나게 되고, 우리의 삶 속에서 하나님의 역사를 체험할 수 있게 됩니다.

말씀과 기도의 균형

믿음의 역사와 성령충만의 역사는 하나님의 말씀을 통해 나타납니다. 특히 하나님의 말씀은 우리가 믿음을 갖게 되는 데 큰 영향을 미칩니다.

> "그러므로 믿음은 들음에서 나며 들음은 그리스도의 말씀으로 말미암았느니라"(롬 10:17)

우리가 전심으로 하나님께 예배를 드려야 하는 이유가 여기에 있습니다. 예배를 통해 하나님의 말씀을 들으면 그 말씀이 우리에게 믿음을 가져다주고, 우리의 믿음을 성장시키기 때문입니다. 또한 그 믿음을 통해 하나님의 능력이 우리에게 임해서 우리의 문제가 해결되는 기적이 일어나게 됩니다. 한 걸음 더 나아가 예배드릴 때뿐만 아니라 가정, 학교, 직장 등 우리가 있는 삶의 자리에서 늘 말씀을 읽고 묵상하는 일을 생활화해야 합니다. 그러할 때 그 삶의 자리가 하나님의 놀라운 역사가 나타나는 기적의 현장이 될 것입니다.

무엇보다 우리가 성숙한 신앙생활을 하기 위해서는 말씀과 기도의 균형이 필요합니다. 말씀을 묵상하는 일이 중요하다고 해서 기도의 끈을 놓치면 율법주의에 빠지고 맙니다. 예수님이 공생애 사역을 하실 당시, 소위 성경을 가장 많이 알고 연구했다는 대제사장, 서기관, 바리새인과 같은 사람들이 예수님을 십자가에 못 박았습니다. 성경을 잘 알고 있었지만, 성령의 감동이 없이 문자적인 말씀으로만 다른 사람을 판단하고 정죄했기 때문입니다.

"바리새인들이 예수께 말하되 보시오 저들이 어찌하여 안식일에 하지 못할 일을 하나이까"(막 2:24)

"이에 바리새인들과 서기관들이 예수께 묻되 어찌하여 당신의 제자들은 장로들의 전통을 준행하지 아니하고 부정한 손으로 떡을 먹나이까"(막 7:5)

우리도 성령으로 충만하지 않으면 바리새인이나 서기관들처럼 다른 사람을 판단하고 정죄하게 됩니다. 다른 사람을 비판하기 전에 말씀의 거울에 내 모습을, 내 삶을 먼저 비춰보고 겸손히 하나님 앞에 나와 기도해야 합니다. 그리할 때 예수님을 십자가에 못 박은 죄인이 다른 사람이 아닌 나 자신임을 깨닫게 될 것입니다. 약하고 부족한 나를 구원해 주신 하나님의 은혜에 그저 감사하며, 다른 사람을 사랑하고 존중하는 신앙생활을 하게 될 것입니다.

말씀 + 믿음 = 기적

말씀과 믿음은 하나님의 놀라운 역사를 체험하게 합니다. 그중 대표적인 사람이 예수님을 만나 눈을 뜨게 된 바디매오입니다.

바디매오는 앞을 보지 못하는 거지였습니다. 그는 여리고 길가에서 동냥하며 아무 희망도 없이 하루하루를 살고 있었는데, 어느 날 마을 사람들로부터 "예수라는 사람이 병을 고친다."라는 소문을 들었습니다. 그러자 그의 마음에 '내가 예수님을 만나면 눈을 뜰 수 있겠구나.'라는 희망이 생겨났습니다.

이후 바디매오는 예수님을 만나면 눈을 뜰 수 있겠다는 믿음을 갖고 예수님을 만나기만을 고대했습니다. 그런데 그때 큰 무리가 "예수님이 오신다! 예수님이 오신다!"라고 외치는 소리가 들려왔습니다. 이 순간만 기다려 온 바디매오는 "다윗의 자손 예수여! 나를 불쌍히 여기소서!"라고 크게 부르짖었습니다.

예수님을 뒤따르던 무리는 바디매오를 꾸짖으며 조용히 하라고 말했습니다. 그러나 바디매오는 포기하지 않았습니다. 그는 더욱 큰 소리로 "다윗의 자손 예수여! 나를 불쌍히 여기소서!"라고 외쳤습니다. 바디매오의 간절한 외침을 들으신 예수님은 발걸음을 멈추시고 그를 부르셨습니다.

"예수께서 말씀하여 이르시되 네게 무엇을 하여 주기를 원하느냐 맹인이 이르되 선생님이여 보기를 원하나이다 예수께서 이르시되 가라 네 믿음이 너를 구원하였느니라 하시니 그가 곧 보게 되어 예수를 길에서 따르니라"(막 10:51-52)

예수님은 바디매오가 앞을 보지 못한다는 사실, 그리고 무엇보다 눈을 뜨기를 원한다는 것을 이미 알고 계셨습니다. 그런데도 바디매오에게 "네게 무엇을 하여 주기를 원하느냐?"라고 물으셨습니다. 바디매오의 믿음의 고백을 듣고자 하신 것입니다. 바디매오는 "보기를 원합니다."라고 대답했습니다. 그의 믿음의 고백을 들으신 예수님은 "네 믿음이 너를 구원하였느니라!"라고 선포하셨고, 그 즉시 바디매오는 눈을 뜨게 되었습니다.

바디매오는 예수님에 대한 소문을 듣고, 예수님이라면 반드시 자신의 병을 고쳐주실 것이라고 굳게 믿었습니다. 그래서 주변의 만류에도 포기하지 않고 끝까지 예수님께 부르짖었고, 마침내 치료의 기적을 체험했습니다.

바디매오처럼 우리도 하나님의 말씀을 듣고, 그 말씀을 붙들며 간절히 부르짖어야 합니다. 어제나 오늘이나 영원토록 동일하신 예수님이 그 부르짖음을 들으시고 성령님을 통해 우리의 병을 고쳐주시며 우리의 문제를 해결해 주실 것입니다. 그러므로 어떤 고난 가운데 있더라도 포기하지 말고 이렇게 기도하십시오.

"하나님, 말씀을 의지하여 기도합니다. 믿는 자에게는 능히 하지 못할 일이 없다고 말씀하셨으니, 그 말씀을 의지해 능력 주실 것을 믿으며 기도합니다. 너는 내게 부르짖으라고 말씀하셨으니, 이 시간 주님 앞에 나와 부르짖습니다. 주여, 제게 응답해 주옵소서!"

우리는 말씀과 기도를 통해 살아 역사하시는 성령님을 체험할 수 있습니다. 믿음으로 말씀을 붙들고 간절히 기도함으로써 모든 문제에서 자유를 얻게 되기를 바랍니다. 특별히 위중한 병으로 고통받는 분이 있다면, 바디매오처럼 고침을 받는 기적을 체험하게 되기를 바랍니다.

"성령님이 우리 인생의
나침반이 되셔서
우리를 옳은 길로,
또한 푸른 풀밭과
쉴만한 물가와 같은
복된 길로
인도해 주십니다."

• 핵심요약 •

성령님과 말씀

1. 성령님은 진리의 영이시다
- 성령님은 우리 인생의 나침반이 되신다
- 삶의 모든 문제를 성령님과 의논하라
- 성령님을 통해 참 진리가 되신 예수님을 만나라

2. 하나님의 말씀은 성령의 감동으로 기록되었다
- 성경은 절대적 권위가 있는 하나님의 말씀이다
- 성경의 원저자는 성령님이시다
- 성령충만은 곧 말씀충만이다

3. 성령의 감동으로 말씀을 통하여 믿음의 역사가 나타난다
- 성숙한 신앙생활을 위해 말씀과 기도의 균형이 필요하다
- 말씀과 기도를 통해 살아 역사하시는 성령님을 체험할 수 있다

• 적용을 위한 질문 •

1. 성경 말씀을 읽거나 묵상하던 중 성령님의 음성을 들은 적이 있나요? 또는 성령님의 인도하심으로 말씀 속에서 삶의 문제에 대한 해답을 얻은 경험이 있나요?

　

2. 나의 신앙생활은 말씀과 기도가 균형을 이루고 있나요? 만약 어느 한쪽으로 치우쳐 있다면 이를 해결하기 위한 방안도 적어보세요.

12
Chapter

성령님과 선교

"오직 성령이 너희에게 임하시면
너희가 권능을 받고 예루살렘과 온 유대와
사마리아와 땅 끝까지 이르러
내 증인이 되리라 하시니라"

사도행전 1장 8절

성령님과 선교

12

예수님이 승천하시기 전에 제자들에게 마지막으로 남긴 말씀을 '절대 지상명령' 또는 '선교 대위임'이라고 합니다. 이 말씀을 한마디로 요약하면 '복음을 전파하라.'입니다. 복음 전파는 예수님을 믿는 우리에게 가장 중요한 사명이자 의무입니다. 이 사명을 완수하기 위해서는 무엇이 필요할까요? 그것은 오직 성령으로 충만함을 받는 것입니다.

1. 성령님은 선교의 영이시다

복음 전파, 즉 선교 사역은 사람의 힘이 아니라 성령의 능력을 힘입을 때 가능합니다. 초대교회 성도들이 능력 있는 복음의 증인이 될 수 있었던 이유는 오순절 날 성령으로 충만함을 받았기 때문입니다.

성령의 권능을 받아 복음의 증인이 되다

"오직 성령이 너희에게 임하시면 너희가 권능을 받고 예루살렘과 온 유대와 사마리아와 땅 끝까지 이르러 내 증인이 되리라 하시니라"(행 1:8)

사도행전 1장 8절에서 핵심 단어는 '성령', '권능', '증인'입니다. 이 세 단어는 하나로 연결되어 있습니다. 성령님이 임하시면 권능을 받게 되고, 권능을 받으면 예수님의 증인이 됩니다.

여기서 '권능'은 헬라어로 '두나미스'라고 합니다. 이것은 놀랍도록 강력한 힘, 능력, 에너지라는 뜻을 가지고 있습니다. 그래서 '다이너마이트'도 이 단어에서 유래되었습니다. 성령님이 우리에게 임하시면 성령의 강력한 능력을 받아 어떤 어려움도 이겨내고 능력 있게 복음을 증거할 수 있습니다.

'증인'은 헬라어로 '마르투스'입니다. 이것은 자기가 목격한 것을 전하는 사람을 가리킵니다. 여기에 '순교자'라는 의미가

더해졌습니다. 이는 어떤 핍박과 환난에도 믿음을 지키고, 복음을 전하는 성도들을 나타냅니다.

실제로 사도들과 초대교회 성도들은 성령의 권능을 받고 예수 그리스도를 증언하는 일에 생명을 바쳐 헌신했습니다. 부활하신 예수님과 그분의 가르침을 전하기 위해 어떤 희생도 감수하며 순교자의 삶을 살았습니다.

성령충만을 받고 권능을 받을 때 우리는 복음의 증인이 될 수 있습니다. 우리는 성령충만을 받아 하나님이 주신 은혜에 날마다 감격하며 맡겨주신 사명을 감당해야 합니다.

성령님은 선교의 동역자이시다

성령님은 우리를 복음의 증인이 되게 해주실 뿐만 아니라 선교의 동역자가 되어주십니다. 친히 우리와 함께하시며 어떻게 복음을 전해야 할지 깨닫게 하시고 나아가야 할 방향도 알려주십니다.

"성령이 아시아에서 말씀을 전하지 못하게 하시거늘 그들이 부르기아와 갈라디아 땅으로 다녀가 무시아 앞에 이르러 비두니아로 가고자 애쓰되 예수의 영이 허락하지 아니하시는지라 무시아를 지나 드로아로 내려갔는데 밤에 환상이 바울에게 보이니 마게도냐 사람 하나가 서서 그에게 청하여 이르되 마게도냐로 건너와서 우리를 도우라 하거늘"(행 16:6-9)

사도행전 16장에서 바울은 지금의 튀르키예 지역인 아시아로 가서 복음을 전하려고 했지만 성령님이 그의 길을 막으셨습니다. 브루기아 지방과 갈라디아 지방을 지나 무시아에 도착해서 다시 비두니아 지방으로 가려고 할 때도 그곳으로 가지 못하게 하셨습니다.

결국 바울은 드로아로 방향을 바꾸었습니다. 드로아는 소아시아 에게해 연안에 있는 항구 도시입니다. 그 당시 드로아에는 지금의 유럽 지역인 마게도냐로 가는 배가 수시로 왕복하고 있었습니다. 그곳에서 바울은 "마게도냐로 건너와서 우리를 도우라"라는 환상을 보고 마게도냐로 선교 여행을 떠났습니다.

"바울이 그 환상을 보았을 때 우리가 곧 마게도냐로 떠나기를 힘쓰니 이는 하나님이 저 사람들에게 복음을 전하라고 우리를 부르신 줄로 인정함이러라"(행 16:10)

성령님의 인도하심을 따라 아시아에서 유럽으로 선교의 방향을 바꾸었더니 유럽이 복음화되고 세계 문명을 일깨우는 지역으로 변화되었습니다. 이처럼 선교는 혼자하는 것이 아니라 성령님과 함께 동역하는 것입니다. 모든 것을 아시는 성령님이 친히 우리의 동역자가 되시어 선교의 때와 방법을 알려주시고 우리를 하나님이 원하시는 길로 가도록 이끌어 주십니다.

2. 성령님은 예수 그리스도의 절대 지상명령을 완수케 하신다

예수님은 제자들에게 절대 지상명령인 '복음을 전파하라.'라는 사명을 주셨습니다. 또한 그 일을 감당할 수 있도록 그들에게 성령님을 보내시겠다고 약속하셨습니다.

여기에서 우리는 성령님이 하시는 주된 사역이 예수님의 절대 지상명령을 완수하는 것임을 깨닫게 됩니다. 그렇다면 우리는 복음 전파의 사명을 감당하기 위해 구체적으로 무엇을 해야 할까요? 마태복음에서 예수님이 마지막으로 하신 말씀을 살펴보겠습니다.

"예수께서 나아와 말씀하여 이르시되 하늘과 땅의 모든 권세를 내게 주셨으니 그러므로 너희는 가서 모든 민족을 제자로 삼아 아버지와 아들과 성령의 이름으로 침례를 베풀고 내가 너희에게 분부한 모든 것을 가르쳐 지키게 하라 볼지어다 내가 세상 끝날까지 너희와 항상 함께 있으리라 하시니라"(마 28:18-20)

복음을 들고 가라

먼저 예수님은 "너희는 가서"라고 말씀하셨습니다. 가만히 있어서는 복음 전파가 일어나지 않습니다. 우리는 아직도 복음을 알지 못하는 사람을 부지런히 찾아가야 합니다. 복음을 전할 사람을 찾아간다는 것은 결국 복음 전파에 열심을 내는 자세를 의미합니다. 마음이 가는 곳에 몸도 가기 마련이기 때문입니다.

모든 민족에게 전하라

예수님은 어떤 특정한 대상이나 지역이 아니라 모든 민족에게 가서 복음을 전하라고 말씀하셨습니다. 우리는 복음 전파의 사명을 가지고 국가와 민족, 언어와 문화의 담을 넘어 전 세계 모든 민족에게 나아가서 복음을 전파해야 합니다.

예수님의 제자로 만들라

복음을 전하기만 하는 데서 그쳐서는 안 됩니다. 우리는 구원받은 사람들을 예수님의 제자로 만들어야 합니다. "제자로 삼아"라는 말씀은 세상에 나아가 죽어가는 영혼들에게 복음을 전할 뿐만 아니라 예수님의 가르침대로 살아갈 수 있도록 말씀을 가르치고 양육하라는 의미입니다.

우리의 유일한 스승은 예수 그리스도이십니다. 제자는 스승을 닮아가기 마련입니다. 예수님을 닮아가며 그 가르침대로 살아가는 것이 참된 제자의 삶인 것입니다. 예수님처럼 생각하고, 예수님처럼 말하고, 예수님처럼 행동하면 주변에 선한 영향력을 끼치게 되고, 하나님의 축복과 기적이 넘치는 삶을 살게 될 것입니다.

아버지, 아들, 성령의 이름으로 침례를 베풀라

예수님은 삼위일체 하나님의 이름으로 침례를 베풀라고 명하셨습니다. 침례는 구원을 받았다는 것을 모든 사람 앞에 알리는 중요한 예식입니다. 초대교회 성도들은 침례를 구원 사건과 동일하게 여길 정도로 중요하게 생각했습니다. 우리 또한 침례를 통해 사람들로 하여금 구원을 확신하게 하고, 하나님의 자녀가 되었다는 것을 담대히 고백하도록 해야 합니다.

분부한 모든 것을 가르쳐 지키게 하라

예수님은 "내가 너희에게 분부한 모든 것을 가르쳐 지키게 하라"라고 말씀하셨습니다. 말씀을 지켜 행하기 위해서는 먼저 말씀으로 충만한 삶을 살아야 합니다.

"오직 야훼의 율법을 즐거워하여 그의 율법을 주야로 묵상하는도다 그는 시냇가에 심은 나무가 철을 따라 열매를 맺으며 그 잎사귀가 마르지 아니함 같으니 그가 하는 모든 일이 다 형통하리로다"(시 1:2-3)

시편의 말씀처럼 우리는 말씀을 주야로 묵상하고, 그 말씀을 지켜 행하기를 힘써야 합니다. 또한 다른 사람들도 말씀대로 살아갈 수 있도록 말씀을 가르치고 지키게 해야 합니다. 그럴 때 우리는 세상의 빛과 소금이 되어 세상을 변화시킬 수 있습니다.

세상 끝날까지 함께 있으리라

예수님은 제자들에게 "세상 끝날까지 너희와 항상 함께 있으리라"라고 약속하셨습니다. 예수님은 보혜사 성령님을 보내 주셔서 어떠한 위험 속에서도 그들을 보호하셨습니다. 바울도 복음을 전하면서 수없이 고난을 겪었지만, 함께하시는 성령님을 의지하며 성령님의 도우심을 받아 넉넉히 이기는 삶을 살았습니다.

"그런즉 이 일에 대하여 우리가 무슨 말 하리요 만일 하나님이 우리를 위하시면 누가 우리를 대적하리요"(롬 8:31)

"세상 끝날까지 너희와 항상 함께 있으리라"라는 말씀은 제자들의 사역을 이어가는 우리 모두에게 주시는 말씀이기도 합니다. 오늘날도 성령님은 복음 전파의 사명을 향해 전진하는 우리와 함께하시며 놀라운 역사를 이루어 주십니다.

그러므로 우리는 담대한 믿음을 가지고 예수 그리스도의 십자가 복음을 땅끝까지 전해야 합니다. 성령님이 우리와 함께하시며 보호하시고 인도하시기에 우리는 '땅끝까지 이르러 복음의 증인'이 되는 귀한 사명을 능히 감당할 수 있습니다.

3. 사도행전은 성령님의 역사이며, 선교의 역사이다

사도행전은 성령님이 사도들을 통해 역사하신 일들이 기록되어 있어서 '성령행전'이라고 불립니다. 또한, 사도들이 복음을 전했던 선교의 역사가 기록되어 있어서 '선교행전'이라고 불리기도 합니다.

오늘날 우리에게 복음이 전해진 것은 성령충만을 받고 땅끝까지 이르러 복음을 전했던 사람들의 열정과 헌신이 있었기 때문입니다. 생명을 바쳐 헌신했던 사람들에 의해 전해진 복음을 믿고 구원받은 우리 또한 성령충만을 받고 선교의 역사에 동참해야 합니다.

담대하게 거침없이

"하나님의 나라를 전파하며 주 예수 그리스도에 관한 모든 것을 담대하게 거침없이 가르치더라"(행 28:31)

사도행전의 마지막 구절은 우리의 마음을 뜨거워지게 합니다. 바울은 어떤 시련과 핍박에도 조금도 위축되지 않고 복음을 "담대하게 거침없이" 전파했습니다.

지금도 세계 곳곳에 바울과 같이 순교를 각오하고 복음을 전하는 사람들이 있습니다. 그리고 그들을 통해 계속해서 하나님의 나라가 확장되어 가고 있습니다.

제 어머니이신 김선실 목사님도 한평생 전도를 생명처럼 귀하게 여기셨던 분입니다. 소천하시기 전에 병원에서 저에게 남기신 마지막 말씀도 "이 목사, 힘써 십자가의 복음 전하다가 먼 훗날 저 천국에서 만나자."라는 말씀이었습니다. 병상에서 돌아가시기 직전까지 어머님은 간호사들은 물론, 만나는 모든 사람에게 복음을 전하시다가 천국에 가셨습니다.

이제 우리도 믿음의 선배들의 발자취를 따라 "담대하게 거침없이" 선교의 역사를 써나가야 합니다. 우리 각자가 성령님과 함께 선교 역사의 주인공이 되어야 합니다. 사도행전에 나타난 선교의 역사와 성령의 역사가 우리를 통해 이어져 나가야 합니다. 예수 그리스도의 절대 지상명령을 마음에 새기고 땅끝까지 복음을 전하는 일에 헌신하여 하나님의 큰 권능과 기적을 체험하는 우리가 되어야겠습니다.

우리 모두 다가오는 거대한 영적 부흥의 파도를 타고 위대한 하나님의 사람으로 쓰임 받기를 간절히 소망합니다.

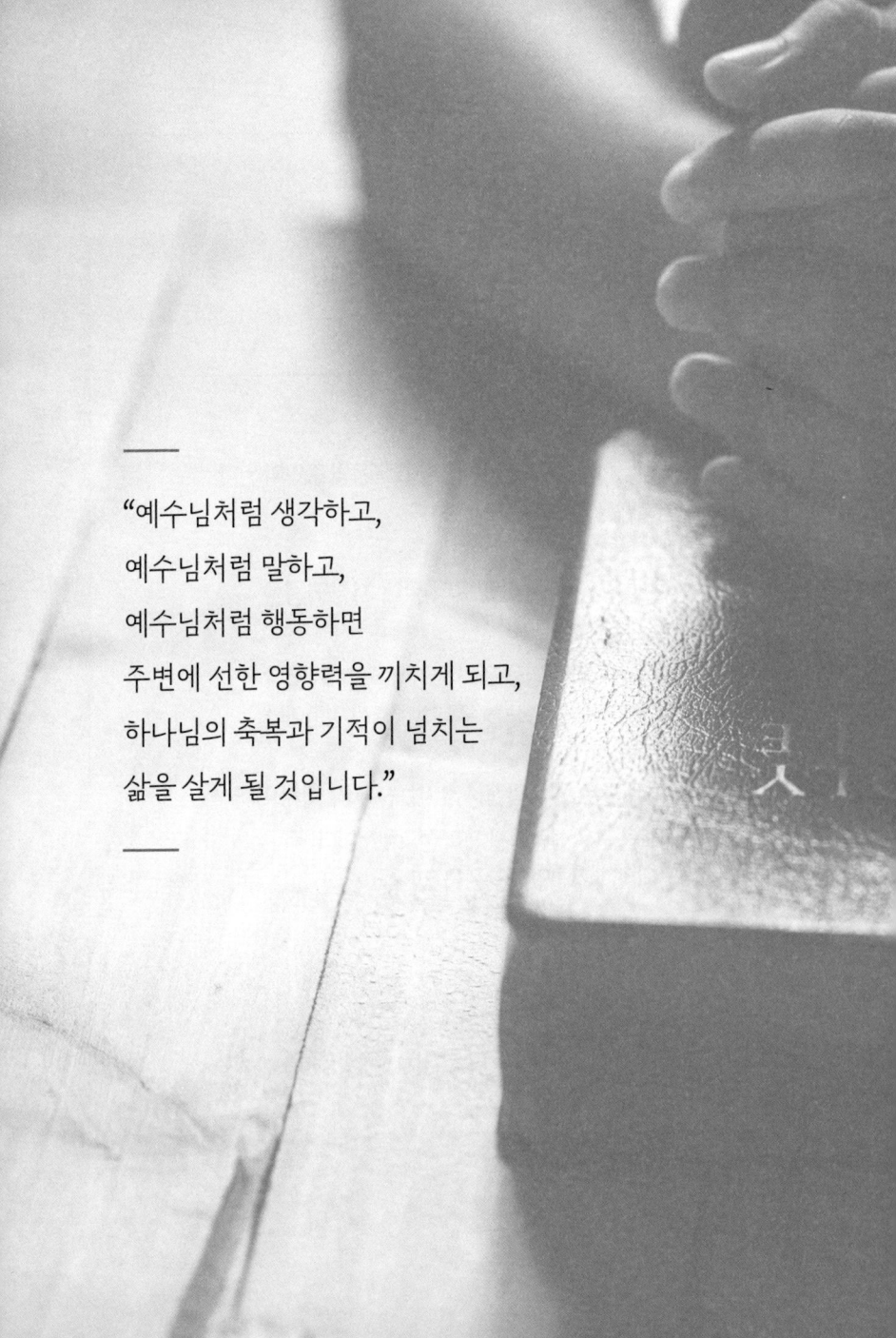

"예수님처럼 생각하고,
예수님처럼 말하고,
예수님처럼 행동하면
주변에 선한 영향력을 끼치게 되고,
하나님의 축복과 기적이 넘치는
삶을 살게 될 것입니다."

• 핵심요약 •

성령님과 선교

1. 성령님은 선교의 영이시다
- 성령님이 임하시면 권능을 받고 복음의 증인이 된다
- 성령님은 선교의 동역자이시다

2. 성령님은 예수 그리스도의 절대 지상명령을 완수케 하신다
- 복음 전파의 사명을 위해 성령님을 보내주셨다
- 절대 지상명령은 오늘 우리에게 주신 명령이다

3. 사도행전은 성령의 역사이며, 선교의 역사이다
- 사도행전은 성령행전이고, 선교행전이다
- 담대하게 거침없이 복음을 전파하라

• 적용을 위한 질문 •

1. 복음 전파는 예수님이 우리에게 맡기신 절대 지상명령입니다. 나는 내 주변의 사람들에게 복음을 전하고 있나요? 전도 대상의 이름과 전도 방법을 적어보세요.

   ....

   ....

   ....

   ....

2. 다가오는 영적 부흥의 파도를 타기 위해 내가 할 수 있는 일이 무엇인지 구체적으로 적어보세요.

   ....

   ....

   ....

   ....

영적 부흥의 파도를 타라

이영훈 지음

초판 1쇄 발행 2024년 3월 15일

| 편 집 인 | 김호성 |
| 발 행 처 | 서울말씀사 |

출판등록   제2016-000172호
주   소   서울시 영등포구 은행로 55, 5층
전   화   02-846-9222
팩   스   02-846-9225

ISBN 978-89-8434-909-4

*책값은 뒤표지에 있습니다.

이 책은 저작권법에 따라 보호받는 저작물이므로
무단 전재와 복제를 금합니다